Façonner la parole
en Afrique de l'Ouest

Cécile Leguy

Professeur d'Anthropologie linguistique
Université Sorbonne Nouvelle-Paris 3
CNRS-Lacito

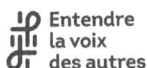

Entendre
la voix
des autres

BALESTIER PRESS
LONDRES · SINGAPOUR

Balestier Press
Centurion House, London TW18 4AX
www.balestier.com

Façonner la parole en Afrique de l'Ouest
Copyright © Cécile Leguy, 2019

Ce livre est inscrit au catalogue des publications (CIP) de la British Library.
Dépôt légal : octobre 2019

ISBN 978 1 911221 73 9

Sommaire

À tous ceux, enfants de mes amis maliens,
qui m'appellent aujourd'hui Tantie ou Grand-mère.

Pour Ruth Finnegan,
Qui est une belle source d'inspiration,
pour ses travaux scientifiques
comme pour l'intensité avec laquelle elle arpente la vie

Avant-propos

C'est avec enthousiasme que j'ai répondu affirmativement à Ruth Finnegan quand elle m'a proposé d'écrire un livre sur mon parcours et mes travaux qui serait en priorité adressé aux jeunes, mais aussi à toute personne un peu curieuse et désireuse de s'ouvrir au monde et aux autres. L'anthropologie sociale et culturelle n'est pas enseignée au lycée. Pourtant, en tant qu'étude de la diversité des manières de vivre, prônant l'ouverture à l'altérité et refusant tout jugement ethnocentriste, c'est une discipline qui gagnerait à être mieux connue. Spécialisée en anthropologie linguistique, je m'intéresse plus particulièrement aux aspects relatifs à la communication humaine. C'est ainsi à une exploration du langage et de ses usages à partir d'une expérience de terrain en milieu rural africain que je vous convie dans ce livre.

La région où j'ai mené la plupart de mes enquêtes en tant qu'anthropologue est située à l'est du Mali et correspond administrativement aux cercles de San et de Tominian. C'est une région rurale, où cohabitent des populations d'origine mandé, des pasteurs peuls et des Bwa qui sont essentiellement cultivateurs. C'est auprès de ces derniers que j'ai vécu et c'est à eux que j'ai consacré la plupart de mes travaux. Dans les textes anciens, les Bwa sont nommés Bobo-Oulé, nom qui leur était donné autrefois par les interprètes dioula. Bwa – ou Bwaba ou Bwawa selon les dialectes – est le nom par lequel ils s'auto-désignent, le singulier étant Bo. Le territoire habité par les Bwa, le *Bwatun* (Bwa/terre, pays), est partagée entre l'est du Mali et l'ouest du Burkina Faso, entre les villes de Djenné et de Bobo-Dioulasso.

Arrivant à San en décembre 2018 après plusieurs années d'absence, les filles de mon amie Véronique, devenues adolescentes, me demandèrent si j'avais un ouvrage pour elles. Devant leur déception, j'ai regretté de n'avoir rien de vraiment accessible à leur proposer encore. Le soir même, j'écrivais les premières pages de ce livre.

1.

Les limites des mots

Il commence à faire frais la nuit et j'ai commandé au griot-tisserand une couverture de coton. Nous allons la chercher en charrette, à Sounlé, un gros village situé à quatre kilomètres de Sialo où je réside. À Sialo, il semble que les griots, ces artisans du verbe qui forment un groupe endogame[1] considéré comme de statut inférieur, ne restent jamais longtemps. Les villageois se vantent d'être peu accueillants à leur égard et de faire rapidement fuir ceux qu'ils considèrent comme des parasites. Sur le chemin du retour, il me faut montrer à chaque personne rencontrée les bandes de coton grossier, cousues ensemble pour former un grand carré blanc orné d'un liseré bleu. « Que l'on en fasse des chiffons ! », me souhaite-t-on, appréciant en l'étendant à plusieurs la qualité de la couverture. « Que tu puisses en faire un coussinet pour porter sur ta tête ! », me lance la vieille Tyènmani. J'ai du mal à saisir ces remarques. Ai-je fait une bonne acquisition ? Est-ce qu'on se moque de moi ? Elle est belle ou pas, cette couverture ?

Pour éviter que mon silence ahuri ne paraisse grossier, Antoine prend la parole et répond en mon nom, à toutes ces mains expertes qui viennent tâter le tissu, des « *Amina* (*Amen*) » tonitruants. Il

---

1. On trouve dans cette région deux principaux groupes d'artisans qui se marient entre eux et forment ainsi ce qu'on appelle parfois des castes : les griots, qui sont principalement musiciens, porte-paroles, tisserands, coiffeuses, et les forgerons, qui prennent en charge le travail du métal et du bois, la poterie, le creusement des puits et des tombes. Les cultivateurs, beaucoup plus nombreux, sont appelés « nobles » en français local et se considèrent comme socialement supérieurs à ces artisans qui jouent aussi pour eux le rôle d'intermédiaires. Ces distinctions sont encore très présentes (et parfois pesantes) dans cette région du Mali.

me faut quelques explications pour comprendre ce que chacun est venu me dire au sujet de cette nouvelle acquisition. On souhaite tout simplement ne pas m'enterrer avec ! Une couverture si bien tissée peut durer des années. Il ne faudrait pas mourir avant de l'avoir complètement usée !

Des vœux de ce type rythment les journées passées au village. Dès que je sors de ma chambre au petit matin, on vient me saluer en me souhaitant le meilleur, à l'aide de formules imagées dont je ne comprends pas toujours le sens. J'acquiesce, tentant à mon tour de répondre, en cherchant à produire ou à répéter une parole poétique dès ce moment de salutations matinales. Cela tombe bien, puisque je suis venue passer du temps seule dans cette région de la savane malienne pour chercher des réponses à certaines questions sur le langage et la communication auxquelles mes études antérieures en philosophie ont échoué à répondre.

*
*   *

Quels que soient les moyens de communication qu'on a en partage, une même question se pose : comment se parle-t-on ? Qu'est-ce qui est communiqué, du sens, de l'intention, des pensées et avis des interlocuteurs ? Comment peut-on se comprendre sans parler parfois, tandis que l'on peine à s'entendre en discutant d'autres fois ? Les êtres humains ont différentes façons de se faire comprendre, différents « langages » à leur disposition, comme le montre bien Ruth Finnegan dans son livre, *Communicating: The Multiple Modes of Human Interconnection*[2]. On peut penser que le langage verbal, produit de rationalité, est l'outil le mieux adapté pour transmettre des idées complexes, une argumentation. Cependant, comme le dénoncent tant les réflexions des philosophes que les complaintes des poètes, les mots

---

2. FINNEGAN, Ruth, 2002, *Communicating : The Multiple Modes of Human Interconnection*, London: Routledge.

Fig.1 – « Si un vieux a la bouche entourée (de barbe), il doit aussi parler en rond (par circonlocutions) » (proverbe bo). Michel le forgeron, Sialo, 2005. ©Cécile Leguy

sont souvent insuffisants pour dire tout ce qu'on souhaiterait et l'on éprouve fréquemment les limites du langage verbal, même quand on cherche à s'exprimer dans la langue qu'on maîtrise le plus. Par ailleurs, les mots peuvent être blessants parfois et l'on hésite alors à y recourir trop directement, quand on souhaite faire entendre une critique ou une opinion négative. Cependant si l'on est mécontent du comportement de quelqu'un, on peut chercher à le lui faire comprendre, sans énoncer trop directement les termes de notre désapprobation. Ainsi, même si la parole semble être le meilleur outil de communication et si l'on s'exprime dans une langue commune bien maîtrisée, on peut s'évertuer à ne pas dire ouvertement ce qu'on souhaite faire entendre.

Je suis partie mener mes enquêtes dans une région rurale du Mali avec au préalable cette idée que l'étude des proverbes m'aiderait à cerner les éléments significatifs de la vie sociale. Les énoncés proverbiaux, comme un livre d'images où se déploient animaux et personnages du quotidien, seraient en quelque sorte des portes d'entrée vers ce monde social et culturel qui m'était donné à découvrir. Mais au fur et à mesure de l'avancée de mes recherches, je prenais conscience que c'était la pratique même du discours proverbial qui se présentait comme un fil à tirer pour accéder non seulement à toute une manière de parler, mais aussi à une manière de vivre. En effet, la vivacité du discours proverbial, en particulier dans cette région mais aussi peut-être plus largement en Afrique de l'Ouest, n'est-elle pas signe d'une certaine manière de concevoir la communication et, par conséquent, les relations sociales ? La gestion du discours telle qu'elle est observable dans ce contexte, pour qui veut bien se donner la peine d'y apprendre à parler et à entendre, mène à une question d'ordre plus général, celle du recours au langage voilé comme mode privilégié d'expression et de communication. Cette question pose plus largement celle de la compréhension, et par là de la communicabilité : comment se comprend-on mieux ? Quelles sont les stratégies de compréhension choisies, valorisées, dans une situation donnée ? La transmission du message n'est-elle pas secondaire quand on a le souci de bien parler en voilant sa parole ? N'est-ce pas dans ce cas le maintien de bonnes relations qui est privilégié, aux dépens de la compréhension parfois ? Et que cela nous enseigne-t-il sur la situation et peut-être plus largement sur le contexte social concerné ?

Ces questions n'ont pas fini de nourrir ma réflexion, en particulier sur cette région de savane malienne à laquelle aujourd'hui je suis liée et où je n'ai cessé de revenir, même si c'est le plus souvent pour de plus courts séjours, comme une parenthèse dans une vie active remplie de lectures, de rencontres et de voyages.

2.

Choisir l'anthropologie

Si la pratique de l'anthropologie mène à des métiers : enseignant-chercheur, expert-consultant, muséographe, documentariste…, y a-t-il un métier d'anthropologue ? Qu'est-ce qui fait la spécificité de cette discipline et qu'implique-t-elle sur la vie de ceux qui la pratiquent ? La réponse à cette question est bien sûr complexe, tant les manières de faire de l'anthropologie, ou de se définir comme anthropologue, peuvent varier d'une époque à une autre, mais aussi d'une personne à l'autre. Ce qui est possible, à chacun de nous, est de relater son propre cheminement d'anthropologue, la façon dont le choix pour une discipline de recherche a pu devenir, au fil du temps, une manière d'être.

S'orienter vers la recherche en anthropologie suppose de choisir un terrain d'enquête, s'y faire accepter, essayer de comprendre de l'intérieur non seulement la vie des gens, mais aussi leurs manières de penser, de voir le monde. Depuis les monographies de Bronislaw Malinowski, l'enquête de terrain reposant sur une observation participante s'est imposée comme préalable à toute étude anthropologique. Commençant mes recherches dans les années 1990, je devais cependant choisir de devenir ethnographe —nom que prend l'anthropologue quand il mène ses enquêtes— dans un contexte académique où la critique postmoderne avait mis en doute la position d'autorité du chercheur de terrain, voire sa légitimité. Les injonctions de nos professeurs étaient parfois paradoxales : ils nous mettaient en garde face à la part subjective de toute enquête, tout en nous incitant à partir et à choisir la longue durée pour une immersion compréhensive. Nous étions tiraillés entre les manuels d'enquête orientés vers la description, recommandés au chercheur apprenti, et la nécessité de faire sa propre expérience, qui serait unique et face à laquelle nous serions obligatoirement seuls. On nous conseillait d'emporter sur le terrain le livre de Georges Devereux, *De l'angoisse à la méthode dans les sciences du comportement*.[3]

Commencer sa carrière d'anthropologue dans les années 1990 obligeait à certaines exigences : il ne suffisait plus seulement de faire une enquête de terrain. Nous savions que celle-ci, quel que soit le temps passé, quel que soit l'investissement personnel, ne pouvait suffire à garantir la qualité de nos recherches. Notre situation était donc délicate : on nous proposait beaucoup de critiques, de mises en garde... mais peu de repères méthodologiques fiables[4]. Comme mes camarades, je partais avec la conscience que l'on me demandait de produire un travail scientifique à partir d'une expérience qui allait être essentiellement subjective. Le terrain, qu'il soit lointain ou proche, nous était présenté comme une aventure personnelle pour laquelle chaque chercheur devait se constituer sa propre « boîte à outils ». L'aventure était aussi dans ce gouffre épistémologique qui marquait à l'époque la discipline.

Quelques certitudes m'animaient tout de même : l'immersion dans un contexte culturel et linguistique pour pouvoir en dire quelque chose me semblait essentielle, et cette immersion impliquait d'accepter de « perdre » un certain temps à partager

---

3. DEVEREUX Georges, 2012, *De l'angoisse à la méthode dans les sciences du comportement*, (traduction de l'anglais par H. Sinaceur, revue par l'auteur [1967]), Paris, Flammarion (coll. Champs) (1ère éd. 1980).

4.   Un texte comme celui de Jean-Pierre Olivier de Sardan (dans la revue *Enquête* en 1995, repris dans son ouvrage publié en 2008, *La Rigueur du qualitatif. Les contraintes empiriques de l'interprétation socio-anthropologique* (Louvain-la-Neuve : Academia Bruylant) a permis par la suite de poser les jalons d'une « politique du terrain » (https://journals.openedition. org/enquete/263).

le quotidien des gens et à essayer d'apprendre à parler leur langue. La dimension critique telle qu'elle s'était imposée ne rendait pas la pratique de l'ethnographie caduque. Au contraire, celle-ci devenait encore plus exigeante. Il s'agissait de rester fidèle au terrain, de rechercher la qualité de l'observation, tout en gardant un œil critique sur nos pratiques. Nous entendions mener nos recherches anthropologiques dans une perspective pluridisciplinaire tenant compte de la complexité du réel et des mutations sociales, tout en ayant le « souci du terrain ». Cette exigence allait me conduire vers de longs séjours en immersion solitaire dans le cadre de mes recherches doctorales, lors desquelles des relations ont été tissées, entraînant de nombreux retours pour des périodes souvent plus courtes mais non moins intenses.

*

*   *

Le terme « terrain », habituellement usité en anthropologie comme dans d'autres disciplines pour désigner le lieu d'observation « sur » lequel on se déplace, en opposition au bureau où l'on reste figé derrière ses livres ou son ordinateur, n'est pas sans poser question et nécessite d'être précisé. Comme d'autres termes utilisés par les premiers ethnographes – qu'on pense au fameux « informateur » –, le « terrain » nous renvoie au jargon militaire. Les premiers chercheurs de terrain avaient en effet quelque chose de commun avec les militaires : ils partaient mener leurs recherches dans des régions très éloignées, qu'ils rejoignaient après des semaines de voyage en bateau, en pirogue, à cheval ou sur le dos d'un dromadaire… Ils s'équipaient d'ailleurs comme des militaires pour partir affronter ce terrain lointain, qui de fait se trouvait géographiquement circonscrit. À ce sujet, il faut lire le récit humoristique que Nigel Barley fait du choix de sa garde-robe, dont des shorts aux poches à rabats « antisauterelles

», avant de partir en Afrique dans *Un anthropologue en déroute* ! Mais les choses ont bien changé au cours du 20ᵉ siècle, quand s'est imposée avec évidence la réduction des distances ; quelques heures d'avion vous propulsent à l'autre bout du monde, même s'il faut parfois plus de temps pour faire les derniers kilomètres qui séparent les gens que l'on va rencontrer de l'aéroport. Le développement du téléphone mobile permet de communiquer à distance presque partout. Aujourd'hui, la dimension géographique du terrain n'est plus suffisante à le définir. Le terrain d'enquête refuse de se laisser délimiter, il peut même être éclaté quand l'anthropologue pratique l'enquête multisite.

Le terrain ne saurait se limiter à un espace ou à un groupe social que l'on pourrait se représenter comme une entité qui existerait en soi, et que l'anthropologue choisirait d'étudier comme on étudie l'œuvre d'un philosophe ou les mœurs d'un animal. Si le terrain est une aventure, il s'agit d'abord d'une aventure humaine faite de rencontres entre une personne, le chercheur lui-même, et d'autres personnes que, peut-être, la première n'aurait jamais rencontrées si elle n'avait pas choisi de faire de l'anthropologie... Le terrain est avant tout une situation d'interlocution et un partage d'expérience. Ainsi, si je suis partie « sur le terrain » en choisissant de m'installer dans un petit village malien, quand je reçois un ami malien à Paris et que je note les souvenirs qu'il me raconte, ne suis-je pas aussi en train de « faire du terrain » ? Quand on me téléphone pour me raconter les circonstances d'un décès au pays ou que j'appelle au village pour savoir si la pluie est enfin arrivée, ne suis-je pas toujours en train de « faire du terrain » ? Et quand je consulte la page Facebook d'une association culturelle animée par des ressortissants de la région, suis-je virtuellement ou réellement en train de « faire du terrain » ?

3.

Partir

J'avais décidé de faire une thèse en anthropologie sociale parce que j'éprouvais le besoin de sortir des livres, d'aller voir « en situation » ce qui fait qu'on arrive à se comprendre, même quand on ne peut pas dire directement ce qu'on pense. L'Afrique s'était vite imposée. D'une part, les manières de parler de mes camarades étudiants africains me fascinaient et mon ami Pierre – qui deviendra plus tard mon mari – m'avait déjà, à plusieurs reprises, invitée à venir vivre quelque temps dans son village natal, Sialo, une petite communauté paysanne situé à l'est du Mali, entre la ville de Djenné et la frontière du Burkina Faso, où vivait encore son frère Antoine. D'autre part, la lecture du livre de Geneviève Calame-Griaule, *Ethnologie et langage*[5], m'avait confortée non seulement sur le choix de mon terrain – le pays dogon est situé juste au nord de cette région, qu'on appelle le *Bwatun* ou pays des Bwa, où j'allais m'installer pour mener mes enquêtes – mais aussi dans une direction de recherche : l'anthropologie linguistique, discipline qui m'était encore inconnue, mais semblait pouvoir m'aider à approfondir mon questionnement sur la notion kantienne de communicabilité initié lors de mes études en philosophie. Comme l'écrit l'anthropologue française Sophie Caratini : « Partir, c'est tenter de résoudre quelque chose de l'ici qu'on ne comprend pas ou qu'on ne sait pas, donc que l'on "cherche" » (2012 : 83). Partir vers l'Afrique, quitter les bancs de la Sorbonne pour me mettre

---

5.   CALAME-GRIAULE, Geneviève, 2009, *Ethnologie et langage. La parole chez les Dogon*. Limoges: Lambert Lucas (1ère édition : 1965).

Fig.2 – Une terre de savane qui reverdit dès les premières pluies ; les greniers familiaux surmontés de leurs petits toits de paille, Sialo, juillet 2009. ©Cécile Leguy

à l'écoute de vieux aux bouches édentées, avaler mon lot de poussière assise au fond de cours balayées par l'harmattan[6], c'était peut-être le moyen de trouver des éléments de réponse à mes questions sur le langage, de chercher à comprendre, par le décentrage ethnographique, ce qui fait que les êtres humains parviennent à s'entendre et à se faire comprendre.

Mais que peut-on raconter de l'enquête ? Que peut-on dire, transmettre, faire entendre, de cette expérience subjective ? Sophie Caratini a bien mis en valeur tous ces « non-dits » qui caractérisent la transmission par les anthropologues eux-mêmes, y compris quand ils la racontent, de leur expérience

---

6. Vent du nord-est soufflant vers le sud-ouest, très chaud le jour, plus froid la nuit. C'est un vent très sec et le plus souvent chargé de poussière et de sable en provenance du Sahara.

singulière. L'écriture permet de dresser un tableau du terrain d'enquête, d'en décrire le « cadre ». On peut en quelques mots laisser imaginer une terre de savane poussiéreuse écrasée de soleil qui reverdit dès les premières pluies, évoquer la beauté des greniers familiaux surmontés de leurs petits toits de paille. On peut inviter le lecteur à se perdre dans les ruelles boueuses peuplées de poules et de chèvres d'un village resserré sur lui-même, à remarquer la dégoulinure de bouillie de mil[7] au côté d'une porte ou quelques plumes collées de sang sur un canari[8], à apprécier la fraîcheur d'une maison de terre aux murs épais. Il est possible de décrire la vie quotidienne, les activités des hommes, des femmes, des enfants, la préparation des fêtes et des événements extraordinaires ; puis, au fil des pages, faire émerger des odeurs de feu, de bière de mil, d'arachides grillées, de graines d'oseille fermentées séchant au soleil, et mettre en valeur des changements perceptibles dans la vie sociale ou les pratiques ordinaires. L'écriture permet aussi, même si cela est plus délicat, de rendre compte des moments d'interlocution, des discussions, des rencontres, de toute cette série de « situations » vécues en rappelant combien l'enquête doit à chaque personne rencontrée, combien elle se construit aussi sur la subjectivité des enquêtés et sur les sentiments de connivence ou de méfiance qui ont construit la relation avec l'enquêteur. Si l'écriture permet de beaucoup dire et faire comprendre, là où l'image resterait descriptive, on aimerait qu'elle puisse aussi rendre compte de l'enquête ethnographique du point de vue de l'anthropologue

7. Le mil ou sorgho (*Sorghum bicolor*), graminée annuelle, est la plante la plus cultivée et la plus consommée dans cette région. La bouillie de mil est utilisée en libation pour certains rituels sacrificiels.

8. On appelle « canari » (sens propre au français parlé en Afrique) une jarre en terre cuite de fabrication artisanale permettant de conserver des liquides (en particulier de l'eau) au frais, qui peut aussi être utilisé dans la fabrication d'un autel sacrificiel.

lui-même, du cheminement intellectuel qu'elle suppose, des questionnements qu'elle implique, des transformations cognitives et sensitives qu'elle entraîne.

*
*   *

Je choisis donc comme terrain d'enquête un monde paysan, vivant au rythme de la nature, dépendant d'une saison des pluies souvent capricieuse ; une vie ponctuée par le chant des coqs et le braiment des ânes, cadencée dès l'aube par les pilons sautant dans les mains énergiques des femmes. Nulle appréhension au moment de partir vivre quelques mois dans un petit village ; l'envie d'aller voir ailleurs l'emportait. La vie en pleine nature ne me faisait pas peur. J'avais l'expérience du camping sauvage, des séjours en forêt, des nuits à la belle étoile. J'avais depuis l'enfance le goût du voyage et mes virées estudiantines à travers l'Europe de l'Est m'avaient habituée à des conditions de confort minimales, aux toilettes de chat dans les trains de nuit, à la consommation de nourriture indéfinissable. L'adaptation à un régime de vie différent ne fut pas pour moi une épreuve très difficile, même si au bout de quelques semaines, je cédais à l'envie d'améliorer l'alternance de mil et de riz du menu ordinaire en achetant au marché une boite de lait en poudre pour agrémenter la bouillie du matin.

Avant de plonger dans l'inconnu, il s'agit de quitter sa condition, son rythme de vie, ses habitudes. Prendre de la distance vis-à-vis des siens, mais aussi vis-à-vis de soi-même. Pour mener à bien mes recherches doctorales, après un premier voyage exploratoire, j'avais prévu de faire deux séjours de six mois chacun sur le terrain. Je ne voulais pas trop me charger, partir légère, me libérer autant que possible du matériel. J'achetais quelques vêtements sur place, notamment des pagnes que je sécurisais à l'aide de lacets censés éviter l'apparition publique et brutale de ce qui devait rester caché. La véritable rupture, au-delà de l'éloignement de la famille et des amis, fut cependant le sevrage de lecture et de musique. Depuis toujours, la pratique musicale faisait partie de mon quotidien et ma consommation de livres relevait de la boulimie. Il me fallait apprendre la lenteur et l'inaction, l'attente de l'observation.

Je m'étais donné une directive à laquelle j'entendais me tenir : en plus des quelques ouvrages qu'il me fallait avoir sur place – dont le dictionnaire ronéotypé encore inachevé du père de Rasilly, le Père Blanc qui depuis plus de quarante ans menait un travail acharné de linguiste de terrain sur la langue des Bwa parlée au Mali – je décidais de n'emporter qu'un livre et une cassette « pour le plaisir ». Il me semblait impossible de vivre si longtemps sans lire, mais je voulais prendre de la distance avec mes habitudes, en commençant déjà par les principales activités qui enrichissaient ma vie au quotidien, depuis la petite enfance. Le choix de ces deux compagnons me prit un certain temps. Finalement, je craquais un peu ; le livre retenu pour mon premier long séjour, les *Essais* de Montaigne – qui faisait parfois écho de manière très particulière à mes observations de terrain –, compte trois volumes. Pour la musique, ce fut Angélique Ionatos, dont la voix profonde me transportait par intermittence vers les oliviers du Péloponnèse et la nostalgie de la mer. Pour le deuxième long séjour, je me tournais vers *Anna Karénine* et des motets de Monteverdi qui me renvoient aujourd'hui encore, quand je les écoute, aux paysages desséchés de la brousse. Ces petites bouées accompagnèrent mes moments de vide ou de transition : voyages en car et surtout attente de celui-ci, rares insomnies, jours de fièvre ou temps de rétablissement au dispensaire de Touba. Après une grosse crise de paludisme, j'y passais un temps de convalescence, logée par la sœur infirmière qui m'avait soignée. J'y dénichai d'ailleurs, au fond d'une remise, quatre vieilles guitares dont je réussis à fabriquer un instrument assez correct pour accompagner ma fin de séjour. Mais durant tous ces mois, malgré les moments d'inaction, je consacrais finalement fort peu de temps à lire, préférant rester à paresser sous un hangar – en fait un auvent recouvert de paille de mil – avec les enfants ou à bavarder avec une vieille forgeronne dans sa cour enfumée quand tout le monde était parti aux champs. Le sevrage ne fut finalement pas trop difficile.

4.

Entrer dans la danse

Je partis donc mener mes recherches dans une petite région située à l'est du Mali où vivent les Bwa, des cultivateurs sédentaires qui parlent une langue de la famille gur, le bomu. Ce choix pour une région rurale d'Afrique de l'Ouest, encouragé par mes professeurs, fut facilité par le fait d'y être introduite par Pierre, l'unique habitant du village à avoir fait d'aussi longues études (il venait de soutenir son doctorat en anthropologie religieuse et histoire des religions). Il s'agissait d'un terrain peu étudié qui était en pleine mutation, même si cela pouvait paraître assez imperceptible en ce début des années 1990. Quand j'arrivai dans la région la première fois, je fus étonnée de trouver une vie de village si semblable à celle qui était décrite dans les ouvrages anciens, même si certains éléments de nouveauté pouvaient sauter aux yeux : une pompe indienne toute neuve à l'entrée du village de Sialo, peinte en jaune vif, qui permettait aux habitants d'avoir de l'eau même en pleine saison sèche – période pendant laquelle malheureusement elle tombait régulièrement en panne –, évitant ainsi aux femmes de coûteux déplacements quand les puits sont à sec ; quelques bassines en plastique colorées, finalement méprisées parce que peu solides ; des vêtements de fabrication industrielle mêlés aux cotonnades locales ; des postes de radio diffusant leurs nouvelles dans certaines cours.

D'autres nouveautés étaient moins perceptibles à un œil non avisé, comme le fait qu'on construise les maisons avec des briques de terre crue rectangulaires et non plus des boules comme autrefois, ou encore les divisions familiales précoces dans l'exploitation des terres, les frères semblant préférer cultiver de manière indépendante dès que leurs garçons commencent à grandir, renonçant alors à l'organisation en grande famille prônée par les anciens. Ceux-ci dénonçaient également l'exode saisonnier ou permanent d'un nombre de plus en plus important de jeunes, voire très jeunes hommes et femmes, partant chercher un petit travail de domestique en ville ou un emploi dans une plantation de Côte d'Ivoire. Sialo, tout en étant un petit village éloigné du « goudron », la route nationale qui va de Bamako à Mopti, présentait deux grands éléments de distinction – compris comme des signes de modernité – par rapport à d'autres villages : d'une part, depuis 1958, date du baptême d'un premier groupe de jeunes, le christianisme était entré au village et les convertis représentaient alors environ la moitié de la population ; d'autre part, avec le soutien de Pierre et d'une petite association française, une école communautaire allait faire sa troisième rentrée, rassemblant des enfants issus de tous les villages environnants.

Malgré une grande pauvreté, renforcée depuis les années 1970 par la sécheresse endémique de cette région voisine du Sahel, malgré le sentiment de figurer parmi les « laissés pour compte » de l'État malien du fait du manque d'infrastructures (ni électricité, ni services publics, ni route carrossable...), malgré aussi une tristesse manifeste face à l'exode des jeunes, un certain art de vivre se dégageait de la vie villageoise. Or, cet art de vivre semblait être avant tout un art de parler, dans la mesure où la solution aux conflits et misères résidait principalement dans une certaine manière de gérer le discours. C'est du moins ce qui m'apparut, dès mes premiers temps sur le terrain.

Il ne s'agit cependant pas d'emprunter une vision « romantique » de la réalité, vision qui occulterait les problèmes

Fig. 3 - Sialo. Grand baobab à l'entrée ouest du village, décembre 2018. ©Cécile Leguy

existentiels et les conflits sociaux notables dans ce contexte. La vie villageoise cache des violences et des ressentiments qui sont d'autant plus virulents qu'ils ne s'exposent pas au grand jour. La région est pauvre, les relations sociales souvent difficiles. Les jalousies se manifestent de manière radicale. Nul n'a oublié combien les Bwa étaient autrefois réputés pour l'efficacité de leurs flèches empoisonnées : ils étaient pour cela recrutés comme archers par les conquérants peuls. Vue de la capitale, la région est évoquée comme un pays reculé, pour ne pas dire « arriéré », peuplé de « païens » aux pouvoirs maléfiques. Les Bwa ont surtout la réputation, non usurpée, d'être de grands buveurs de bière de mil, habitude qui devient vite une fierté dans un pays qui se dit aujourd'hui musulman[9] à plus de 90%. Les beuveries,

---

9.   Les Bwa sont connus pour leur résistance à l'islam et aujourd'hui encore, on trouve très peu de musulmans parmi eux. En revanche, depuis leur arrivée dans la région en 1922, des missionnaires catholiques puis, dans une moindre mesure, protestants, ont entraîné la conversion d'une partie de la population au christianisme, qui condamne l'excès de boisson mais tolère sa consommation modérée.

qui animent la vie villageoise durant toute la saison sèche, sont des moments d'échange privilégiés, mais peuvent aussi à l'excès mener à la bataille rangée.

Mon arrivée au village de Sialo, mon lieu de vie dans un premier temps, se fit de nuit : on m'amenait en voiture, et nous avions été retardés dans notre progression. Le village, éloigné de la route goudronnée par vingt-cinq kilomètres d'un chemin de brousse, semé de rocailles et d'ornières boueuses en cette fin de saison des pluies, était difficile d'accès. C'était un soir sans lune, il y avait des nuages : j'arrivais sur « mon terrain » comme une aveugle... Quand je repense à ce premier contact avec « la réalité du terrain » aujourd'hui, je ressens encore très fortement combien alors tous mes autres sens ont fonctionné dans cette première approche exploratoire d'observateur, même si j'écarquillais les yeux pour essayer de distinguer le visage qui s'approchait de moi ou l'objet qu'on me tendait. À l'arrivée, les phares de la voiture m'avaient dévoilé un grand baobab entouré de champs de mil aux tiges hautes cachant, dans l'ombre, des masses de terre crue séchée. Dès la descente de voiture – un moteur s'entend à plusieurs kilomètres et nous étions attendus –, des enfants puis des hommes nous entourèrent et nous saluèrent : je répondis comme on me l'avait appris[10] aux salutations et je vis des rires lumineux se refléter à la lueur des phares encore allumés. Puis, la voiture fermée et éteinte, mon sac à dos sur la tête d'un garçon, ma gourde sur celle d'un autre, nous nous dirigeâmes vers les maisons de terre aperçues derrière le mil. Je n'y voyais plus rien, mais me sentais portée par ceux qui m'entouraient, tenant une main,

---

10.   J'avais pu bénéficier de quelques cours de conversation à Paris, partagés avec Véronique Hertrich, démographe qui travaillait dans la zone de Tominian depuis quelques années déjà, grâce à un étudiant originaire de la région qui préparait une thèse en histoire, Joseph Tanden Diarra.

m'agrippant à une épaule quand le sol, boueux et glissant par endroit, se dérobait sous mes pieds. Les odeurs m'assaillaient dans ce contexte nocturne : ce premier contact était aussi olfactif. Odeurs multiples, évidentes ou plus diffuses : celles des bêtes, du fumier, du feu, de la terre mouillée sans doute, mais aussi de la sueur des hommes et un relent aigre que je saurai bientôt identifier : la bière de mil. C'était un jour de bière : Victorien, dont le fils était en exode, avait organisé une journée de travail collectif pour terminer l'arrachage des arachides dans son champ. Tous les hommes valides du village s'étaient privés de sommeil pour abattre le travail, ils avaient passé la nuit et une partie de la journée à récolter en ligne en hurlant des chants gutturaux et avaient été récompensés par la bière, le tô[11] et la viande d'un vieil âne abattu pour l'occasion, le tout préparé dès l'aube par les femmes. L'ambiance était à la fête : on entendait même le son nasillard d'un radio-cassette.

Le parcours me parut long : en réalité, je m'aperçus le lendemain que la voiture était à moins de cent mètres. Mais la traversée dans le noir d'un bout de champ, puis du marigot[12] encore un peu large, le passage dans la boue près du puits, l'entrée dans le village par une ruelle encombrée et glissante, la traversée d'une cour, puis l'arrivée dans ce qui allait être « ma cour », tout ce cheminement nocturne me parut interminable. Je ne savais pas reconnaître ce sur quoi on me faisait asseoir, ni ce qu'on me donnait à boire, mais je me laissais faire par cette première imprégnation.

Je scrutais la nuit pour essayer de repérer le blanc d'un œil, d'une dentition face à un incessant défilé de « fantômes » venus me saluer ; je serrais des dizaines de mains, répondant aux

---

11.   Bouillie épaisse figée en pâte faite de farine de mil qui constitue la nourriture de base des paysans.

12.   Nom donné en français à une mare ou un cours d'eau non pérenne.

salutations en bafouillant, comme enivrée par tant de présences invisibles. Avant de dormir, je noterai dans mon carnet le salut d'une vieille femme, voulant me toucher la main pour surmonter sa peur des *toubabs* (Blancs ou Européens) – on n'évoque jamais assez l'effet désinhibant de la bière de mil. Soudain, alors que le temps des salutations était passé et qu'on discutait auprès de moi sans que je puisse saisir ce qui se disait, je sentis sur mon pied découvert un frôlement, puis un autre sur mon bras : des petites mains m'exploraient, accompagnées dans le noir par de furtifs regards timides : mes premiers pas sur le terrain allaient d'abord entraîner un jeu d'observateur observé dont, je n'en doutais pas, chacun ressortirait transformé.

La soirée s'animait : on entendait un tambour invitant à la fête. C'était Siri'i le griot, venu du village voisin de Sounlé sur

Fig. 4 – Siri'i (avec un bonnet rouge) et un autre griot jouant du tambour d'aisselle. Sialo, 1994. ©Cécile Leguy

l'invitation de Victorien pour animer le travail champêtre et
s'apprêtant à faire danser les filles sur la place centrale au rythme
du *yéye*[13]. Je me laissais entraîner vers le lieu de la danse : mes
yeux s'habituaient un peu à la pénombre, mais la nuit était bien
noire. Ce fut mon premier *yéye* ; il m'en reste un mouvement
étourdissant au son du tambour et la joie d'être « sur le
terrain », d'avoir tout à y découvrir, en premier lieu les visages
de mes interlocuteurs et l'environnement villageois restés dans
l'obscurité durant cette première soirée.

Cette première arrivée au village me semble symboliser assez
justement la manière dont le « terrain » se construit, comme une
sorte de puzzle, avec des éléments qui se révèlent petit à petit
pour former un ensemble, mais qu'on ne peut relier aux autres
qu'après beaucoup de temps. Un puzzle géant qu'on ne pourrait
jamais achever, dans lequel il resterait toujours des espaces
vides, dont certains morceaux s'abîmeraient ou s'effaceraient au
fil du temps et dont les marges auraient été égarées... Ainsi en
est-il plus largement de l'expérience du terrain, telle que je peux
la décrire aujourd'hui, presque trente ans après ces premiers
moments de découverte. J'ai depuis passé de longues journées
à découvrir la vie villageoise, à m'intégrer autant que possible,
à participer aux activités comme aux conversations. Les enfants
ont cessé de me considérer comme une « présence curieuse », les
quelques femmes qui s'enfuyaient à mon approche me saluent
en souriant aujourd'hui. J'ai vécu plusieurs mois à Sialo, dans
cette région du nord du pays des Bwa qu'on appelle *Bwotun* ou
« pays des rochers » en 1993-94 ; j'ai aussi séjourné dans deux
villages situés au sud en 1994-95, à Touba et à Dui où résidait

---

13. Le *yéye* est une danse de jeunes filles qui se pratique en cercle, chacune
se trouvant tour à tour propulsée au milieu du cercle et envoyée d'un côté
et de l'autre, rebondissant sur les bras de ses camarades, sur un rythme de
plus en plus effréné.

Cyriaque, un grand amateur de proverbes, pour travailler plus précisément sur le corpus de ma thèse ; je suis retournée souvent à Sialo et j'ai passé du temps dans d'autres villages de la région en fonction des enquêtes et des rencontres. À chaque moment d'enquête, à chaque nouvelle rencontre, un morceau du puzzle se précise, mais l'ensemble garde des contours inachevés.

5.

Apprendre à plumer les poules

Dans l'imaginaire collectif, l'Afrique de l'Ouest est représentée par ses sages aux paroles mesurées, ses rencontres aux discussions bien rythmées. Dans la plupart des langues à tradition orale africaines, on accorde effectivement une grande importance à l'expression verbale. Une certaine recherche poétique fait partie de la parole ordinaire. Ainsi le soir au *Bwatun*, pour se souhaiter bonne nuit, plutôt que de dire simplement comme peuvent le faire les enfants « dors en paix ! », celui qui a le souci de bien parler dira plutôt « que la terre s'éclaire en paix ! » ou, mieux, « que la terre de demain soit terre de femmes ! ». Cette expression poétique renvoie au temps des guerres inter-villageoises, quand on craignait d'être réveillé par l'attaque de guerriers ennemis. Elle résonne de nouvelle manière aujourd'hui, quand on sait que des djihadistes circulent dans la région, prêts à tuer. Quand c'est le chant du pilon frappant le mortier d'un rythme soutenu, alterné par intermittence par un frappement de mains énergique, qui sort les hommes et les enfants de leur sommeil, c'est bien le signe que la vie quotidienne et ses tâches séculaires ont repris leur cours sans souci.

Dans cette région rurale où la vie est rude, la violence est latente, plus ou moins visible. Il m'est très vite apparu que la gestion de la parole n'était pas étrangère à la gestion de cette violence. Si les Bwa, à l'instar d'autres populations voisines (non seulement les Dogon étudiés par Geneviève Calame-Griaule, mais aussi les Minyanka, les Mossi...), sont à ce point maîtres du verbe, n'est-ce pas parce qu'ils ont appris depuis des temps immémoriaux à gérer ainsi, à conditionner en quelque sorte, toutes les difficultés inhérentes à la vie communautaire ? Être attentif aux modalités de la parole dans ce contexte serait alors un moyen d'atteindre une certaine compréhension, non seulement des moyens d'expression opérant dans une situation donnée, mais aussi des modes de régulation des relations sociales et de la violence cachée qui les anime. Il s'agirait alors, en tant qu'observateur, de tenir compte de ce qui se joue derrière des manières de parler fondées sur des conceptions élaborées de la parole et des jeux sociaux qu'elle permet, de ses possibilités d'action sur la réalité sociale et peut-être, au-delà, sur le rapport au monde.

Fig.5 – Zounmabé et Antoine en grande discussion, Sialo, 2009. ©Cécile Leguy

Quand on vit dans une petite communauté d'interconnaissance, comme c'est souvent le cas en milieu rural, il peut être important de se faire comprendre sans être trop explicite, pour ne pas risquer de blesser trop durablement le voisin ou le frère qu'on fréquente au quotidien. Un langage de connivence se développe ainsi bien souvent, fondé sur l'usage d'images communes, d'expressions dont le sens est à saisir en situation, de proverbes. De la sorte, on peut non seulement se comprendre à demi-mot, mais aussi exprimer des commentaires ou même des critiques sans être trop direct, sans risquer la fâcherie. Les Bwa rechignent à émettre directement toute parole pouvant être entendue comme injurieuse, insultante ou même seulement critique, qui serait considérée comme une « mauvaise parole ». En même temps, chacun a bien l'intention de se faire entendre et les avis personnels comptent d'autant plus qu'on est dans une société où l'on aime se définir soi-même comme « anarchiste », résistant à toute forme de pouvoir. Cela fut bien illustré par l'action des anciens lors de la Révolte[14] de 1915-1916 contre les Français à laquelle on fait toujours référence avec fierté. La prégnance du discours proverbial, et plus largement du goût pour le langage imagé, toujours considéré comme bonne manière de parler dans ce contexte, et pas seulement en milieu rural, m'a interpellée, non seulement en tant que moyen de communication et d'argumentation séculaire, mais aussi et

14.   Les Bwa furent, avec les Marka-Dafing non islamisés de la région, à l'origine d'une importante insurrection qui eut lieu en 1915-1916 contre l'occupant français. Ce qui est appelé par les historiens « la Révolte » ne s'achèvera qu'après presque un an de lutte acharnée contre le colonisateur, mais aussi contre ceux qui avaient trop facilement collaboré avec lui et dont les villages ont été systématiquement détruits. Cette Révolte a laissé le pays boo exsangue et affamé, mais ayant conquis une certaine fierté à laquelle on fait souvent référence aujourd'hui. Le roman de Nazi Boni, *Crépuscule des temps anciens. Chronique du Bwamu*, Paris, Présence Africaine, 1962 (rééd. 2010) se passe pendant cette période.

peut-être surtout en tant que stratégie de discours permettant la résolution ou la dissolution de certains problèmes d'ordre conflictuel. L'importance accordée à l'expression poétique m'a conduite à concevoir certains usages langagiers comme de véritables stratégies visant à réguler de manière totalement elliptique, mais non moins efficace, les relations sociales.

*

*   *

Le discours ordinaire est émaillé de formules poétiques, d'expressions imagées. Il est bien vu de savoir s'exprimer de manière sibylline et l'on incite les enfants à le faire dès qu'ils apprennent à parler. On dit de celui qui commence à savoir «bien parler » qu'« il plume un peu les poules », pour dire qu'il commence à avoir une certaine maîtrise. Mais il n'est pas si facile de savoir bien plumer une poule ! Vivre en ethnographe, c'est aussi accepter de se mettre en position de faiblesse : avoir tout à apprendre, perdre tout repère, ressentir son incompétence dans tous les domaines. Accéder à la parole est en soi une première difficulté. Le bomu est une langue difficile, fortement tonale. Autrement dit, la musique importe autant que les paroles, et un mot dit en montant le ton au lieu de le descendre prendrait un sens totalement différent. J'ai ainsi provoqué un malentendu en voulant dire un jour à Antoine, alors que je partais du village pour quelques jours, que j'allais préparer mes affaires (*sìan*, avec un ton bas). Je n'ai pas suffisamment baissé la note et il a entendu que j'avais mal au ventre (*sian*, avec un ton moyen), revenant vite me voir avec sa femme pour que je puisse lui expliquer ce qu'il avait compris comme un problème de santé féminine...

Le village de Sialo est situé dans une zone intermédiaire entre les deux principales formes dialectales parlées au Mali et l'on y mêle un peu les deux en parlant très vite, éludant certaines syllabes comme on le fait en anglais. Mon apprentissage sera facilité quand je mènerai mes enquêtes dans le Sud du pays, dans la région de Touba et de Dui, à environ quatre-vingt kilomètres de Sialo à vol d'oiseau. Là, l'élocution est généralement plus lente, tout comme les hommes et les femmes y sont plus nonchalants, ce que les habitants du Nord considèrent comme un signe de paresse. À Sialo, au bout de quelques semaines de prises de notes, épaulée dans mon apprentissage par Thomas, Elisabeth et leur jeune collègue Julien, les trois instituteurs du village qui maîtrisent le français, avec lesquels je partage de longues discussions, initiée par les enfants non-scolarisés qui s'amusent à m'apprendre les mots du corps, les chiffres et les comptines pendant les heures de classe, je prends conscience du chemin qu'il me reste à faire pour vraiment pouvoir parler cette

Fig. 6 – Avec Julien, Elisabeth et Thomas, instituteurs à Sialo, 1993. (Le thé et la radio sont à l'époque des signes de réussite sociale, ils doivent figurer sur la photo !) ©Cécile Leguy

langue chantante et imagée. Je viens passer quelques jours à San auprès du père de Rasilly, comme il me l'a proposé, pour qu'il m'enseigne ce qu'il a pu décrire du fonctionnement grammatical du bomu. J'acquière peu à peu une connaissance assez théorique de la langue, en comprends les principaux aspects structuraux, perçois des nuances tonales qu'il serait nécessaire d'analyser davantage, mais je crains aussi de « perdre » trop de temps à cet apprentissage linguistique, alors que mon objectif est ailleurs. Mon temps est limité... je dois mener l'enquête en acceptant de ne pas tout comprendre.

6.

Découvertes en miroir

Les limites linguistiques ne sont pas les seules à s'imposer. L'ethnographie est aussi une épreuve d'humilité. Après une enfance de « garçon manqué », plutôt sportive, je me pensais forte et résistante ; je me rends compte très vite que je ne fais pas le poids face aux filles du village qui rient de me voir peiner à porter un seau de métal rempli d'eau. Je m'essaye au pilon, mais ne tiens pas le rythme très longtemps ; tourner la grande spatule en formant des huit dans la marmite pleine de bouillie de mil pour qu'elle se fige et se transforme en tô est une épreuve qui me semble insurmontable. Je me vois incapable d'accomplir les tâches quotidiennes des villageoises... Dans les premiers jours de mon séjour à Sialo, j'accompagne les hommes de la famille au champ pour la récolte du petit mil, qu'ils assurent en ligne. Pliés en deux, ils abattent en rythme leur houe sur les tiges qu'ils coupent en chantant d'une voix forte, sans s'arrêter pour boire jusqu'à la pause : c'est là que des jeunes filles aux yeux rieurs, portant des plats de tô et des canaris d'eau fraîche sur leur tête, arrivent puis repartent aussitôt en chantant. Alors seulement, les hommes cessent leur travail et se mettent à l'ombre, pour littéralement « se restaurer » quelques minutes. Je les ai observés, j'ai pris quelques photos, j'ai enregistré des chants abritée sous un grand chapeau peul. J'ai même bu régulièrement comme on m'avait conseillé de le faire. Pourtant, en fin d'après-midi, je suis terrassée par les signes d'une bonne insolation. On me ramène au village en charrette. Le paracétamol peine à atténuer mes maux de tête et, allongée sur le lit, je tente de rassurer Antoine qui s'affole un peu de voir son invitée si mal en point. Mon cas s'aggrave quand, n'ayant pas voulu refuser l'omelette frite dans le beurre de karité[15] – les Français étant connus pour aimer les œufs, on a préparé ce plat tout spécialement pour moi – je suis prise de vomissements… Finalement, la soirée se termine en longs conciliabules, le conseil de famille s'étant réuni autour de mon lit pour déterminer ce qui est le mieux, me laisser me reposer ou me conduire à travers brousse en charrette, en pleine nuit, pour faire les vingt kilomètres qui nous séparent du dispensaire. De mon côté, je souhaite seulement essayer de dormir pour faire passer la fièvre et les maux de tête. Antoine accepte finalement d'attendre le lendemain matin pour décider de mon sort, et je profite des quelques heures de la nuit pour me remettre de ce mauvais coup de soleil… Cet épisode, qui me permet d'entendre Antoine énoncer un dicton me concernant, « l'étranger ne se porte pas sur la tête, et pourtant il est lourd ! », me fait prendre conscience de la charge que ma présence peut être pour les villageois et, tout simplement, des soucis que je leur cause alors que je fais tout mon possible pour me faire oublier dans l'objectif de réussir cette immersion. Mais cela me fait prendre conscience aussi de mes propres faiblesses. Quelques heures d'un soleil trop agressif ont eu raison de mon assurance ; il me faudra désormais, si je veux rester sur le terrain, accepter d'être raisonnable.

L'immersion ethnographique suppose non seulement de laisser derrière soi ses petites habitudes et ses principes, mais aussi de s'oublier soi-même en quelque sorte : pour le bénéfice de l'enquête, on ne doit pas imposer ses idées, ses jugements. Cela semble évident dans l'absolu, mais n'est pas toujours si

---

15. Le karité (*Vitellaria paradoxa*) est un arbre de la savane ouest-africaine dont les fruits sont appréciés pour leur chair, mais surtout pour leur noyau dont on fait du beurre, utilisé en cosmétique, en cuisine et autrefois pour alimenter les lampes à huile.

Fig. 7 – Récolte du petit mil dans le champ de Thomas, Sialo, 1993.
©Cécile Leguy

facile à vivre au quotidien. À ce sujet, ce qui fut le plus délicat pour moi au départ n'était pas comme j'aurais pu le penser lié aux notions d'hygiène ou de santé de base, pour lesquelles je me retenais bien souvent d'intervenir. Accueillie dans un milieu en partie converti au catholicisme, je me retrouvais dans une situation embarrassante, n'étant pas issue moi-même d'une famille pratiquante et n'ayant pas l'habitude des bénédicités et autres gestes et paroles communément partagés par les chrétiens bwa. Mon manque d'assurance en la matière fut vite remarqué, et étonna dans la mesure où j'étais pour eux une « Blanche », française et donc chrétienne... Observant que je ne faisais pas de signe de croix avant d'ingérer la nourriture, Thomas m'interpella au bout de quelques jours et, comme je lui répondais, sans entrer dans les détails, que cela ne se faisait pas chez moi, il commença à m'interroger, surpris voire révolté : pour lui, tout ce qui concerne les pratiques chrétiennes vient des Européens. En bénissant le repas, il se démarque de ses propres parents tout autant qu'en refusant de participer à un

sacrifice de poulet. La conversion au christianisme est un signe
de modernité, rapprochant ceux qui s'y engagent du monde
occidental. Et voilà maintenant que je lui annonce que cela ne se
fait pas chez moi ! Pourquoi alors font-ils eux-mêmes ces gestes
que même les « Blancs » ne font pas ? Sans le vouloir, j'avais
provoqué, par ma seule retenue face à des pratiques rituelles
aussi exotiques pour moi que les libations de bière de mil[16],
une discussion animée qui occupa mes hôtes pendant plusieurs
jours. Cela troubla plus durablement encore mon ami Thomas,
l'ingénieur agricole devenu instituteur par engagement et par
foi dans « le monde moderne », en ce début d'années 1990 qui
voyait se développer les écoles communautaires financées par
les paysans eux-mêmes[17], quand ils croyaient à la possibilité
d'un avenir meilleur pour leurs enfants.

Pour mener une enquête ethnographique dans un milieu
donné, quel qu'il soit, il faut se laisser porter par le courant,
vivre les événements comme ils viennent, se fondre dans le
décor. C'est aussi en cela que réside la dimension initiatique du
terrain : il ne s'agit pas seulement d'une épreuve par éloignement
géographique et culturel, mais aussi et surtout d'un renoncement
à soi-même, à ce que l'on est et à ce en quoi l'on croit. Ce
pourquoi il est possible aussi de mener une ethnographie du
proche, à condition d'être prêt à prendre cette même distance
par rapport à un contexte connu, à accepter de renoncer de la
même manière à ce que l'on est. Cela suppose parfois quelques
sacrifices. La question se pose cependant toujours de savoir
jusqu'où on est prêt à aller, jusqu'où l'on peut accepter de se laisser
prendre par le terrain comme le relate Jeanne Favret-Saada lors

16. Chez ceux qui ne sont pas convertis au christianisme, il est de coutume
de verser un peu de bière avant de boire ou de jeter sur le sol un peu de nourriture avant de commencer le repas. C'est la part des ancêtres.

17. Avec l'aide parfois d'associations extérieures comme c'était le cas à
Sialo.

de son enquête sur les pratiques sorcellaires dans l'ouest de la France, où elle se retrouve tour à tour considérée comme une sorcière et comme une désorceleuse, finissant par se demander elle-même si elle n'est pas « ensorcelée »[18]... Sur certains points, il n'est pas forcément si facile d'oublier qui l'on est, de renoncer à ses propres combats, à ses propres réticences...

La pratique de l'excision est un exemple limite souvent cité quand on travaille sur l'Afrique de l'Ouest. On peut tout comprendre, mais comment accepter sans mot dire de telles mutilations, en simple observateur respectueux des coutumes des gens qui font l'objet de son enquête ? À ce sujet, le fait d'être introduite sur le terrain dans le milieu chrétien m'a malgré tout facilité les choses, les chrétiens étant ouvertement opposés à cette pratique même si, dans les années 1990, elle était toujours fortement présente même dans les familles se déclarant chrétiennes, les fillettes n'étant pas à l'abri d'une grand-mère profitant de l'absence de leurs parents pour les faire exciser. Je pouvais en discuter librement avec les femmes qui me racontaient leurs souvenirs et, si un débat s'engageait, entendre les chrétiens argumenter pour demander l'abandon de la pratique et les non-chrétiens défendre leurs positions. Aujourd'hui, une politique plus globale a été menée au niveau national pour lutter contre l'excision et selon les statistiques, le taux de fillettes excisées a fortement baissé. Il n'est donc pas délicat pour moi de prendre ici position, de défendre le respect de la personne humaine et de dénoncer des pratiques qui menacent la vie et le bien-être des femmes : c'est un débat d'actualité qui concerne tout le monde, et non une position extérieure que l'on voudrait imposer sans comprendre les fondements culturels qui peuvent sinon la justifier, du moins l'expliquer. Si je me prononce dans ce débat, je le fais comme toute femme du milieu qui se sent concernée,

---

18.   FAVRET-SAADA, Jeanne, 1977, *Les mots, la mort, les sorts. La sorcellerie dans le bocage*, Paris, Gallimard (rééd. 2014, Folio Essais).

qui entend assurer une vie meilleure à ses filles et petites-filles. C'est un exemple de sujet sur lequel je peux me prononcer sans renoncer à mes propres positions, ni paraître juger de l'extérieur sans comprendre.

Cependant, on ne peut jamais totalement devenir transparent et, dans cette région de savane isolée, le seul fait d'avoir la peau blanche et les cheveux lisses me distingue irrémédiablement, me rappelant cette différence que j'aurais tendance à oublier moi-même, même si je portais des vêtements locaux et m'étais fait presque raser la tête par commodité avant de partir pour mon premier long séjour. Aujourd'hui, en ces temps de présence terroriste où la situation est tendue, une grande partie du *Bwatun* se retrouvant en zone rouge, ma couleur de peau peut me faire repérer malgré les foulards et tissus africains sous lesquels je me camoufle. Il est bien difficile de passer, physiquement, inaperçue. Quand je partais au marché de Fangasso le mercredi

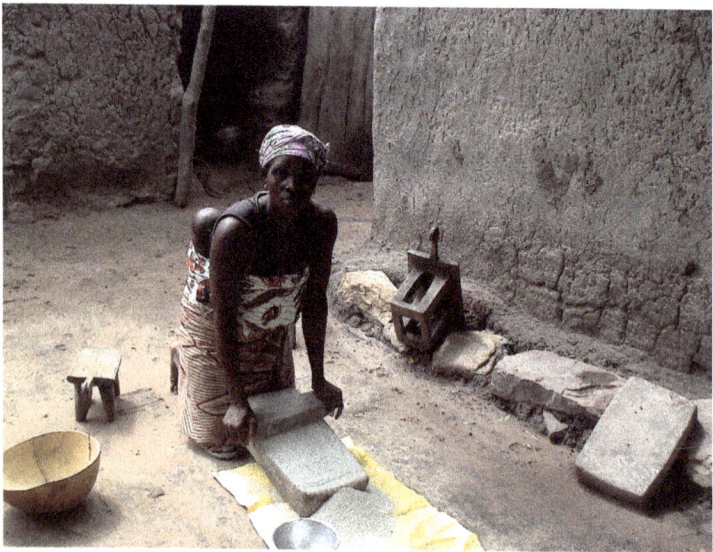

Fig. 8 – Travaux féminins quotidiens : fabrication de farine à la meule, Sialo, 2005. ©Cécile Leguy

avec Antoine ou Thomas, j'étais prise dans un tourbillon de salutations sans fin, dont l'aspect étourdissant était accentué par le fait d'être à jeun et d'avoir fait vingt kilomètres en charrette ou en mobylette, à louvoyer entre les cailloux, les trous de sable et les plaques de latérite grumeleuse. Tout le monde venait me saluer par mon nom, me demander des nouvelles des gens de Sialo, et j'étais bien souvent ennuyée de ne pas pouvoir faire de même. Tout le monde savait qui j'étais, et la plupart du temps, même si certains visages vus l'une ou l'autre fois au marché me restaient en mémoire, je ne parvenais pas à préciser l'identité de mon interlocuteur, ni son nom ni son village. Et pourtant, je savais combien il est impoli de ne pas dire le nom de la personne que l'on salue, de ne pas prendre de nouvelles des gens de son village… Antoine et Thomas, compatissants, m'aidaient en prenant la parole à leur tour, afin que je puisse répéter derrière eux : « Ah, bonjour Untel ! Comment vont les gens de tel village ? ». Mais le mercredi suivant, le malaise se répétait : j'étais repérée et de loin, tous me reconnaissaient, tandis que je n'étais pas assez physionomiste pour rendre correctement les salutations qu'on me faisait.

Ma différence se marquait également par mon statut hors-genre : dans les premiers temps sur le terrain, je suis un *toubab*, un étranger blanc indéterminé, qu'on accueille avec tous les égards dus à l'étranger. Quand on a le temps de prendre un petit-déjeuner le matin, Antoine vient manger avec moi, accompagné souvent de Jacques, le fils aîné de son grand frère décédé l'année précédant mon premier séjour. Thomas l'instituteur qui passe toujours me saluer dès l'aube est aussi généralement invité. Nous mangeons une bouillie de mil rendue un peu aigre par un ajout de jus de tamarin[19], dans laquelle flotte des grumeaux volontairement intégrés au liquide qui tient ainsi mieux au

---

19.   Fruit du tamarinier (*Tamarindus indica*).

ventre. Je prends le plus souvent le repas du midi chez Thomas et Élisabeth et déjeune avec eux, comme leur collègue Julien qui habite à Sounlé et ne rentre pas chez lui. La pause méridienne est longue, les enfants ne pouvant se concentrer en classe durant les heures les plus chaudes de la journée, et nous profitons de ce moment de repas suivi du partage du thé malien – bouilli trois fois, de moins en moins amer et de plus en plus sucré comme ce passage de la vie à la mort par l'amour[20] – pour discuter longuement. Le repas de la nuit est pris dans le vestibule sur lequel donne ma chambre, avec les mêmes personnes que le matin. Élisabeth, qui a été scolarisée jusqu'au lycée et parle français, est la seule femme que je vois manger avec des hommes. Les autres femmes mangent entre elles, dans la cour près du feu ou dans la petite pièce enfumée qui sert de cuisine. Au bout de quelque temps, souhaitant passer plus de temps avec la part féminine de la famille, je demande s'il est possible que j'aille partager leur repas. Ma demande provoque l'hilarité générale. Il ne serait pas très honorable de me laisser manger avec ces dames qui sont continuellement entourées d'enfants morveux et avalent en quelques minutes ce qui reste du repas familial… Visiblement, je ne suis pas une femme comme les autres !

---

20. Le thé est préparé longuement, dans deux petites théières en émail que l'on pose directement sur le charbon, l'une contenant les feuilles mises à bouillir, l'autre dans laquelle on mélange le thé au sucre. On verse le thé en le faisant mousser dans un petit verre, en s'y reprenant à plusieurs fois jusqu'à avoir une bonne épaisseur de mousse dans le verre. Le premier thé, peu sucré, est amer comme la vie. Les feuilles de thé sont conservées pour une deuxième décoction, à laquelle on ajoute du sucre. Ce deuxième thé est fort, comme l'amour. Puis, on fait à nouveau bouillir les feuilles qui n'ont plus guère de tanin. Le sucre l'emporte sur ce troisième thé qui est doux, comme la mort. Quand on a le temps et qu'il reste du sucre, on passe les feuilles une quatrième fois pour le plaisir des enfants de Thomas. Lors de mon dernier passage à San en 2018, Véronique me fait remarquer que la vie a changé, que le rythme n'est plus le même, et argumente : « aujourd'hui, les gens ne font plus que deux thés»…

7.

Grandeurs et misères de la calebasse

Dans certains cas cependant, hommes et femmes se mêlent et parlent ensemble librement. Ainsi, la consommation de bière de mil (*dolo* selon le terme bambara passé en français) fait tomber les frontières. Tous boivent ensemble et l'on se retrouve chez une dolotière, c'est-à-dire une femme qui a préparé de la bière ce jour-là, pour boire et discuter, rire, raconter des histoires et se dire ce qui ne saurait se dire autrement. Les jours de boisson sont donc des moments importants pour mon enquête. Chaque village a son jour de boisson, afin de ne pas faire concurrence aux villages voisins, les grands buveurs circulant de village en village durant toute la saison sèche, saison où la fabrication de bière est autorisée et où il n'y a plus trop de travail à faire aux champs. Pour les villages où se tient un marché hebdomadaire, comme Sounlé le mardi ou Fangasso le mercredi, le jour de boisson correspond au jour de marché. À Sialo, il n'y a pas de marché et le jour choisi pour préparer la bière est le dimanche. Dès le samedi soir, après avoir senti pendant trois jours d'affilée l'odeur du breuvage sortir des grosses marmites entourées de terre construites à cet effet, on commence à consommer la bière. Ce premier *dolo* est épais et sucré, pas encore tout à fait fermenté. Celui du dimanche est considéré comme le meilleur, et doit être bu dans la journée car déjà le lendemain, il tournera à l'aigre. Pour limiter les dégâts et permettre aux femmes de gagner un peu de monnaie – on paye sa tournée, même quand on est le mari de la dolotière – on n'autorise généralement pas plus de sept ou huit femmes à préparer de la bière par dimanche. Mais cela fait tout de même beaucoup de boisson à consommer, et si l'on veut honorer chacune et ne pas paraître méchant en refusant d'aller boire chez l'une ou l'autre, la journée se passe à boire et discuter, d'une maison à l'autre, et se termine pour certains à finir chez eux le jerricane de bière acheté pour ne pas que le reste de boisson soit gâté ou pour faire plaisir à une bonne amie d'enfance... La maison de la dolotière se transforme ainsi pour une journée en « cabaret », comme on nomme dans le français parlé en Afrique un endroit aménagé temporairement en débit de boisson, où l'on vient s'asseoir en cercle et partager une calebasse[21] de bière qui passe de mains en mains. Chaque personne présente paye une calebasse et la fait circuler pour que tout le monde y boive, le cœur balançant selon l'identité des participants entre le plaisir de partager une boisson nourrissante bien appréciée et la méfiance face au risque d'empoisonnement. Les criminels sont en effet réputés pour leur habileté à faire tremper dans la calebasse, juste avant de vous la tendre en souriant, un pouce sous l'ongle duquel ils cachent de la poudre de plantes toxiques. Partager la calebasse suppose donc une certaine confiance !

Même si je ne prends que de petites gorgées à chaque passage du récipient, dont le contact boisé est très agréable aux lèvres, la journée passée à essayer de comprendre tout ce qui se dit dans ces effluves alcoolisés se termine généralement par un bon mal de tête. Avec Thomas qui, bien que n'appréciant guère la bière, se doit en tant qu'étranger – il est originaire d'un village proche de Tominian – et « notable » de faire également la tournée des cabarets pour ne pas faire de jaloux au village, nous allons de cour en maison avec le carnet de note à la main, à l'affut de tous les proverbes qui pourraient être énoncés lors des discussions animées provoquées par la boisson. Ce moment est

---

21.   Fruit du calebassier et d'autres cucurbitacées rondes ou en forme de gourde, dont les parois dures permettent de les utiliser comme récipient (de toute taille) et de caisse de résonance pour certains instruments de musique.

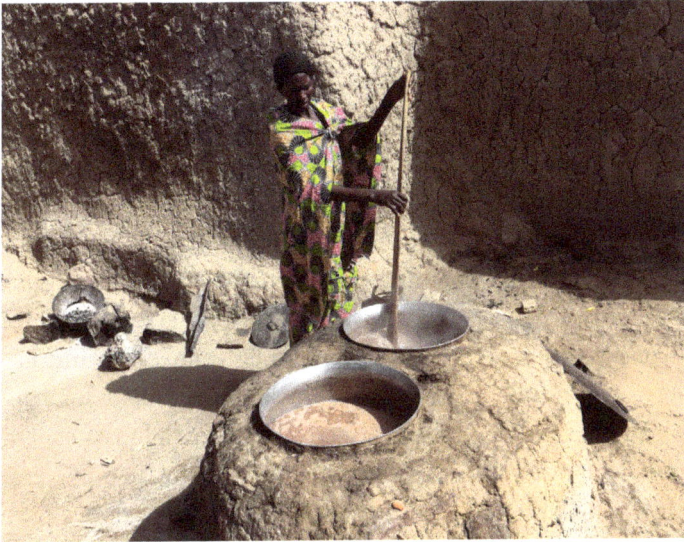

Fig. 9 – Préparation de la bière de mil, Sialo, 2018. ©Vincent Diarra

particulièrement intéressant, hommes et femmes parlant et riant souvent plus fort que d'ordinaire, se frappant sur les cuisses, se chahutant...

C'est cependant un jour de boisson – plus précisément le jour du Noël de Sialo, chaque village choisissant de la même manière son jour pour fêter Noël dans les deux semaines qui suivent le 25 décembre – jour où la bière a coulé en abondance, que pour la première fois je ne me suis sentie bien au village. Pour la fête, on avait laissé toutes les femmes volontaires préparer et il y avait vraiment trop de boisson, même si les étrangers des villages voisins étaient venus en foule. Tout le monde était ivre dans la famille, même le petit Émilien qui n'avait alors que quatre ans. On s'était battu devant ma porte en fin de journée, et il y avait des traces de sang. Je m'apprêtais à me réfugier dans ma chambre, tristement, songeant pour la première fois que ma place était ailleurs, quand Thomas, aussi désespéré par la situation que moi, arriva pour m'emmener chez lui où, dit-il, les ivrognes n'oseraient pas venir faire le bazar. Nous terminâmes la soirée avec du thé et quelques brochettes de viande préparées pour la fête, à discuter ensemble au son des tambours et balafons[22] qui animaient la place du village où les jeunes s'étaient mis à danser, la plupart complètement ivres. Je passai la nuit dans la maison du couple d'instituteurs et, en traversant le village le lendemain pour retrouver ma chambre, je constatai les dégâts : sièges cassés, portes arrachées, enfants endormis par terre au coin des maisons, parmi les crottes de chèvres et les traînées d'urine. Les adultes qui commençaient à sortir du sommeil avaient les yeux très rouges et se plaignaient de maux de tête. La plupart étaient encore mal en point et personne n'eut le courage de préparer à manger en famille. Chacun cuvait sa fête... et je regardais cette situation comme signe d'une sorte de déchéance, à l'image d'une vie villageoise atteinte par la sécheresse et la misère, où les rituels auraient perdu une grande partie de leur sens et où les habitants noieraient dans l'ivresse le chagrin de ne plus savoir comment vivre sur leur propre terre.

---

22.   Désigne dans le français parlé en Afrique de l'Ouest (du mandingue) un instrument de musique à percussion (sorte de xylophone) constitué de lames de bois sous lesquelles sont fixées de petites calebasses.

8.

Réapprendre le quotidien

J'étais très heureuse d'être sur le terrain, d'avoir la chance de vivre cette aventure personnelle et intellectuelle, de réapprendre à vivre dans un autre milieu, avec des hommes et des femmes qui faisaient tout leur possible pour m'accompagner dans cette voie et dont je pouvais me sentir finalement très proche. Les conditions matérielles n'étaient effectivement pas des plus faciles et je comprends combien mes parents ont dû s'inquiéter, même si à aucun moment ils n'ont freiné mes désirs d'ailleurs. Bien sûr, il n'y avait pas de téléphone portable à l'époque – aujourd'hui, Antoine lui-même a un téléphone, même s'il doit s'éloigner un peu du village pour attraper le réseau – et la ligne fixe la plus proche se trouvait à la mission catholique de San, à plus de cent kilomètres… Le courrier arrivait une ou deux fois par semaine à San, mais cela ne coïncidait pas très bien avec les déplacements que les prêtres de la mission de Sokoura – auxquels je pouvais confier mes lettres le mercredi, jour du marché de Fangasso où ils se rendaient eux-mêmes – pouvaient effectuer vers la petite ville. La plupart du temps, si une lettre était arrivée pour moi, après avoir déjà pris le temps de changer de continent, elle ne me parvenait au mieux que la semaine suivante. Le courrier qui ne passait pas par la Poste n'était pas toujours plus rapide : une lettre que Pierre avait confiée à un ami de passage à Bamako (où lui-même enseignait à l'époque), m'est ainsi parvenue plus de deux mois après ! Elle avait tout simplement été oubliée au fond d'un sac… Mais je ne me suis jamais sentie isolée. Je ne l'étais d'ailleurs jamais vraiment, à part les quelques heures de la nuit où je pouvais profiter du luxe d'avoir une chambre pour moi toute seule.

Mes conditions matérielles d'existence étaient rudimentaires mais, désireuse de me dégager du poids de la société de consommation, je considérais plutôt comme une libération le fait de pouvoir vivre de peu. Je bénéficiais cependant de conditions beaucoup plus confortables que la plupart des villageois, et ce à différents niveaux. D'abord, mon lit était garni d'une moustiquaire, qui me faisait comme une tente protectrice non pas tant contre les moustiques – il y en a finalement assez peu à Sialo où l'air est très sec – que contre tout un tas d'autres petits désagréments. Chaque matin, je retirais des crottes de souris et autres cadavres d'insectes du toit de tissu qui m'avait empêché de les recevoir directement sur moi ! J'avais acheté des bougies – dont l'odeur m'était plus agréable que celle de la lampe à pétrole qui brûlait dès la nuit tombée dans le vestibule – et je passais chaque soir du temps à écrire grâce à leur lueur sous ma moustiquaire, en prenant bien garde de ne pas y mettre le feu... Dans une région où la nuit tombe très vite vers 18 h 30, disposer d'une lumière permettant de travailler est vraiment une chance ! Du point de vue nourriture, j'étais aussi gâtée. Je sais que, durant ma présence, les plats étaient bien mieux préparés que d'ordinaire et je n'ai jamais eu faim. Bien sûr, il faut une certaine dextérité pour pouvoir manger le tô correctement à la main, sans se brûler, en trempant sa bouchée dans la sauce sans en faire tomber partout et en coupant d'un geste assuré de l'auriculaire le fil de la sauce gluante, sauce verte d'aspect visqueux faite à base de gombos[23] frais ou secs, ou de feuilles de baobab fraîches, avant de mettre le tout en bouche. Il n'est pas si facile au départ, pour quelqu'un qui a été éduqué dès la toute

---

23. *Abelmoschus esculentus*. La sauce gluante peut également être faite à base de fleurs de kapokier quand l'arbre fleurit, vers décembre-janvier.

petite enfance à mettre son index sur la fleur de la fourchette et à bien se tenir, de se servir dans le plat commun sans trop creuser devant soi, de malaxer et manger le tô. Il n'est guère plus aisé de manger le riz à la main, ou le couscous de fonio[24] ou de petit mil[25], plats plus rares mais délicieux encore plus difficiles à ingérer sans dégâts… Tout le monde se régale en silence tandis que vos doigts sont hésitants, si peu habitués à cette chaleur directe, et quand enfin vous parvenez à faire une belle boule, la nourriture semble froide à la bouche !

Le tô est consommé différemment des autres plats : chacun prépare sa bouchée (appelée « tartine » en français local) en la malaxant entre les doigts de sa main droite – on ne doit jamais toucher la nourriture avec la main gauche, réservée à tout ce qui est sale ou impur – et la trempe dans les deux sauces mélangées au début du repas, la sauce gluante et le bouillon. Pour le riz comme pour le couscous, la sauce est versée directement dans le plat. D'ailleurs en bomu, le mot désignant l'acte de manger est réservé au tô : les autres plats – même le riz peu consommé, réservé aux jours de fête – sont « croqués » ou « grignotés », seul le tô est une vraie nourriture qui se « mange » ! Quand chacun est rassasié, on retire, s'il y en a, les morceaux de viande ou de poisson qui nagent dans le bouillon pour les poser dans le plat, et chacun prend en guise de petite gourmandise ce qu'il peut attraper. Là encore, il n'est pas si facile de savoir comment déguster un petit silure séché et plein d'arêtes ou une aile de poulet, voire une tête, avec une seule main ! J'admire l'habileté

---

24.   Le fonio (*Digitaria exilis*) est une graminée annuelle dont les petites graines sont très appréciées pour leur finesse et pour leur goût. C'est aussi la première céréale récoltée, que l'on consomme donc parfois après une période de disette quand les récoltes de l'année antérieure n'ont pas été très bonnes.

25.   Le petit mil (*Pennisetum glaucum*), ou mil à chandelle, est également une graminée annuelle.

d'Antoine qui absorbe le tout et laisse ressortir, de manière rapide et discrète, les arêtes ou les os par les deux coins de sa bouche fermée tout en mastiquant.

Si le tô est le plat préféré des paysans, la seule vraie nourriture, ce n'est généralement pas ce qui plait le plus aux étrangers... La fadeur du mil parfois aigri de potasse, le gluant de la sauce verte, le goût pimenté du bouillon rebutent souvent les estomacs qui n'en ont pas l'habitude ! Je n'ai pas vraiment de problème pour ma part à ingérer cette nourriture, même si je préfère de loin le couscous de petit mil ou, mieux encore, de fonio ! Mais au bout de quelques semaines, le manque de fruits et de légumes se fait ressentir. Même au marché de Fangasso, on trouve très rarement ce genre de denrées, à part des oignons et des tomates qui, le plus souvent, sont vendus séchés et pilés. En janvier, des pastèques sont arrivées de la région de Bla et nous en avons fait une orgie. Mais le reste du temps, il fallait oublier le plaisir de croquer dans un aliment cru.

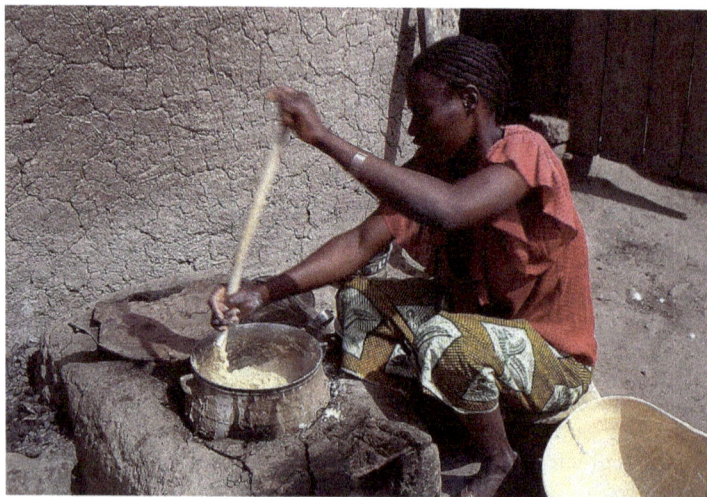

Fig. 10 : Élisabeth préparant le tô avec énergie, 1993. ©Cécile Leguy

La question de l'absence de sanitaires est rarement évoquée dans les monographies rédigées par les anthropologues. Chacun se débrouille avec cet aspect de la vie quotidienne, qui n'est pas toujours si simple. Là encore, j'étais malgré tout assez gâtée, du moins pour ce qui concerne la douche. Chez les paysans bwa, on se lave tous les jours. Mon ami Pascal, menant ses enquêtes chez des Peuls nomadisant du côté du Macina à la même période, avait bien plus de difficultés à trouver de l'eau et un petit coin tranquille pour pouvoir faire une toilette élémentaire. Si les anciens du village se lavent généralement derrière un grenier, chez Antoine nous avons un espace entouré d'un mur pour nous doucher, muni d'une pierre plate pour éviter de patauger dans la boue. Une salle de bain vraiment confortable ! À la tombée de la nuit, une des filles de la famille vient m'appeler en me disant «*bwé 'a so* (viens te laver) ! », ce que je me plais à entendre comme une injonction à laquelle il n'est pas possible de déroger. Un seau fumant a été déposé pour moi dans ce coin douche. Au village, on se lave avec de l'eau très chaude et je suis ennuyée de mettre tant de temps à pouvoir la verser sur moi, alors que d'autres attendent leur tour… mais comment faire pour ne pas s'ébouillanter ? Les premiers jours, je me frictionne en me sachant observée par de petits yeux curieux, et j'imagine qu'on doit bien me voir à la lueur de la lune… mais cela me fait plutôt sourire, et je me dis en entendant quelques gloussements que les enfants doivent me trouver bien gauche ou s'amuser de voir mousser mon savon. Au fil du temps, je m'organise, notamment en me munissant d'une tasse en plastique permettant de verser l'eau en petite quantité, plus facilement qu'en la prenant dans le creux de mes mains comme on m'a montré à le faire. Cela facilite grandement le shampooing ! On m'a dit de verser directement la fin du seau sur moi pour le rinçage, mais les seaux en métal sont tout de même bien lourds à bout de bras au-dessus de la tête…

Les villageois se lavent chaque soir, généralement sans savon, avec cette eau très chaude qui ramollit le corps et le prépare pour la nuit. Les enfants sont plongés dans une bassine et frottés avec énergie, même s'ils retournent se rouler dans la poussière dès qu'ils sortent de leur bain… Le matin, chacun cherche un peu d'eau pour se débarbouiller, et il n'est pas poli de saluer quelqu'un qui n'a pas encore procédé à cette ablution. À l'interlocuteur de deviner si celui qu'il rencontre a déjà lavé son visage ou pas ! Face au silence et aux yeux vissés vers le sol de mes voisins, j'ai compris cette règle de vie et de gestion de la parole au bout de quelque temps.

Si l'observation participante suppose d'essayer de vivre comme les gens, je ne me sens cependant pas capable d'uriner debout en plein milieu de la ruelle qui sépare nos deux maisons comme le fait la vieille Tyènmani, ma plus proche voisine… Mais évidemment, il n'y a pas de latrine au village[26]. Une zone de terrain cultivable entoure l'agglomérat d'habitations ; y sont repoussées les ordures et les déjections des animaux et elle est cultivée chaque année par le chef du village, la terre y étant particulièrement fertile. C'est également dans cette zone que les habitants peuvent se soulager, s'ils n'ont pas l'opportunité d'aller plus loin en brousse. Quand j'arrive au village en octobre 1993, la hauteur des tiges de mil fait une barrière naturelle qui empêche qu'on vous voie de loin ; mais quelques semaines plus tard, après les récoltes, la zone se désertifie et si l'on veut être discret, il faut parcourir quelques dizaines de mètres supplémentaires. Quand je sors faire un tour le soir, tous les chiens du village se mettent à hurler. C'est raté pour la discrétion ! Il faut aussi faire attention aux serpents et autres bêtes qui peuvent profiter de la pénombre pour sortir de leur cachette. Ce n'est cependant pas désagréable

---

26.   Par la suite, des latrines sèches ont été construites dans l'enceinte de l'école et quelques habitants ont fait de même chez eux.

de s'éloigner un moment du village endormi dans les odeurs de fumée, de respirer la fraîcheur de la brousse, de se promener seule entre les baobabs sans réveiller les chèvres. Je n'ai alors aucune conscience de ce que peuvent penser les villageois quand ils me voient errer de nuit vers cette région, à l'ouest du village, où sont censés demeurer les génies et autres présences maléfiques. C'est à Touba qu'on me fera vraiment la guerre pour que je ne m'approche pas du grand baobab creux à l'entrée de la route de Dui, m'obligeant à faire un détour si je rentre après la tombée de la nuit. Antoine me dit seulement de ne pas trop m'éloigner, et sans doute est-il inquiet de ce qui pourrait m'arriver. Il manifestera plus directement l'angoisse qu'implique pour lui ma présence au village après la mort d'Houphouët-Boigny, le président de Côte d'Ivoire – décédé le 7 décembre 1993. Il me demandera alors explicitement de ne pas me promener seule loin du village (ce que je faisais parfois dans la matinée pour explorer les alentours), une rumeur circulant selon laquelle on chercherait des « têtes » pour ornementer le cercueil présidentiel et disant qu'on aurait, pas si loin d'ici, découvert un corps décapité en pleine brousse... Quand je repense à ces premiers mois passés sur le terrain, dans l'ignorance de l'étranger et l'insouciance de la jeunesse, je perçois combien tout un monde échappait alors à ma vigilance d'observatrice. Un monde qui ne se donne pas plus à voir que les choses importantes ne se donnent à entendre. Et pourtant, comme j'allais le comprendre par la suite, l'existence de ce monde invisible n'était pas sans rapport avec la manière dont sont gérées, au quotidien, les pratiques langagières et les relations sociales qu'elles mettent en jeu.

*

*   *

L'enquête ethnographique offre la possibilité en quelque sorte de repartir de zéro, même si c'est de manière construite et artificielle bien sûr, la *tabula rasa* méthodologique n'étant pas plus qu'en philosophie complètement possible. Si elle nous met en situation d'étonnement, elle nous met aussi en situation d'ignorance, avec l'objectif paradoxal de ne pas en rester là et même, de comprendre mieux encore que le natif du fait d'une position distanciée et avertie. Il serait bien sûr tout à fait inefficace d'en rester au niveau basique de celui qui a tout à apprendre, même s'il est assez confortable, surtout pour des personnalités un peu trop rêveuses qui se trouvent ainsi une bonne excuse pour avoir, comme on le leur reproche si souvent chez elles, la tête ailleurs... Même si j'apprécie ces moments où, bercée par une langue chantante que je ne comprends pas encore, souriant à des visages sans connaître encore tous les liens familiaux qui les relient, je me laisse porter par cette situation où j'ai tout simplement le droit d'être là « pour rien », en observateur invité et gâté..., il faut tout de même se mettre au travail.

9.

Les balbutiements du petit *toubabou*

Que signifie apprendre à parler une langue comme le bomu?
Durant les premiers temps, il s'agit déjà d'apprendre
à saluer. Les salutations, comme dans les langues voisines,
sont très développées et varient non seulement d'un moment
à l'autre de la journée, mais aussi en fonction de ce que sont
vos interlocuteurs, de ce qu'ils font et de ce que vous faites
vous-même… Apprendre à bien saluer et à bien répondre aux
salutations dévoile déjà tout un pan de la vie sociale. Ces mots
qui peuvent paraître simples dans certaines langues, où il s'agit
juste de dire bonjour ou bonsoir, laissent expérimenter ce que
signifie « parler à propos ». Cela suppose effectivement une
grande maîtrise de tout ce qui fait la situation : le cadre spatio-
temporel, le ou les interlocuteurs, leurs familles, leurs villages
d'origine et les liens de ceux-ci avec les siens, la vie même de
la personne à laquelle on s'adresse. Quand une personne est
malade au village, il est important de passer la saluer avant toute
autre activité, pour lui souhaiter un bon et rapide rétablissement.
J'accompagne Antoine dès que le fait se présente, ce qui est de
plus en plus fréquent au fur et à mesure qu'on entre dans la saison
froide, ce moment où les nuits rafraîchissent et où les vieux
s'enrhument ou voient leur arthrose se réveiller. Nous entrons
dans les maisons, pénétrons dans les chambres enfumées où un
tas de braises censé apporter la chaleur peine à envoyer sa fumée
vers le plafond. Nous nous asseyons sur un tabouret[27], baissant

---

27.   Petit siège en bois souvent pyrogravé, muni d'un manche souvent
terminé par une petite tête sculptée qui permet de le transporter. Ils sont
fabriqués par les forgerons (voir photo n°18).

Fig. 11 : Lessive au marigot, Sialo, 2009. ©Cécile Leguy

la tête pour essayer de respirer sous l'écran gris, et présentons nos bénédictions en tentant de ne pas tousser. Le malade répond à nos salutations, assurant qu'il est là, sous-entendu encore vivant, comme on le fait d'ordinaire, puis raconte son mal, cette douleur qui l'empêche de vivre normalement, ce gros rhume qui lui donne mal à la tête. Nous compatissons, encourageons, bénissons et le malade répond « *Amina* (*Amen*) » à nos formules à visée performative du type : « accroche-toi à la branche du tamarinier ! »[28]. Puis nous ressortons vers la vie ordinaire, et les salutations habituelles qui rythment chaque moment de la journée d'une litanie plus ou moins longue. Ceux qui reviennent de brousse sont salués en fonction de cette circonstance, les forgerons frappant le fer le sont d'une autre façon, celles qui

---

28.   La branche du tamarinier est très solide. On utilise cette expression pour encourager un malade à ne pas se laisser abattre.

lavent le linge dans ce qui reste du marigot autrement encore. Il n'est donc déjà pas si simple d'apprendre tout simplement à saluer !

Les enfants sont mes premiers professeurs de bomu. Ils m'entourent dès que je me pose dans la cour. Je ne leur fais plus peur, je suis devenue celle qu'ils appellent « *wa toubabouzo* », notre petite Blanche/Européenne, utilisant le pronom possessif au pluriel comme on le fait d'ordinaire pour les termes de parenté. En effet, on ne dira jamais « ma mère, mon père, mon frère ou ma fille » mais « notre mère, notre père, etc. ». Les relations de parenté sont des relations partagées, elles ne peuvent pas s'énoncer au singulier. J'apprends auprès des enfants à me présenter, puis à désigner les animaux qui nous entourent, les parties du visage et du corps, les objets du quotidien. J'apprends à dire « j'ai soif » et « je n'ai plus faim », « j'aimerais me laver » et « je vais dormir », toutes ces formules simples que les enfants utilisent eux-mêmes au quotidien, qu'il faut apprendre en retenant la musique de chaque mot. Le bomu étant comme on l'a vu une langue tonale, il faut apprendre en même temps les paroles et la musique et avoir l'oreille suffisamment entraînée pour mémoriser l'ensemble, pour ne pas perdre la musique des mots. C'est un aspect du langage auquel les Français sont peu familiers, tant leur langue est peu accentuée. Mais négliger la musique, c'est non seulement prendre le risque de dire autre chose que ce qu'on a prévu de dire, mais aussi celui d'énoncer de mauvaises paroles ou de provoquer des malentendus. En prenant conscience de cela, l'apprentissage de la langue marque un moment d'arrêt : plus l'on connait de mots, et plus le risque de dire de grosses bêtises augmente !

La prise de parole se complique encore quand, alors que vous commencez à mieux parler, on vous fait comprendre qu'il faut maintenant passer à un autre niveau de langue, cesser de s'exprimer comme un enfant qui dit les choses telles qu'elles sont. Quand on est adulte, il ne s'agit pas en effet simplement de dire les choses, mais d'apprendre à bien parler en bomu, ce qui signifie apprendre à maîtriser un langage imagé, énigmatique, voire poétique. Un enfant qui a bien mangé dira par exemple « je suis rassasié », tandis qu'un ancien préférera énoncer une formule moins tranchée comme « mon désir a été détourné », qui peut être entendue comme une remarque prudente, dans le sens où il n'a pas dit n'avoir plus de place pour une petite gâterie supplémentaire, morceau de viande ou calebasse de bière. Plus subtilement, la formule peut aussi être sous-entendue comme un message critique à l'égard des jeunes femmes de la famille qui, assurément, ne cuisinent pas aussi bien que le faisait la défunte maman du vieillard ! Pour bien parler, il faut réussir à se faire comprendre à demi-mot, évoquer ce qu'on veut faire entendre sans le dire explicitement. C'est toute une manière de dire sans dire qu'il faut apprendre dès l'enfance, pour vraiment maîtriser le langage, parvenir à se faire comprendre sans être trop directif, trop explicite. J'ai ressenti ce passage de manière un peu brutale, comme si du jour au lendemain, je ne savais plus parler, on ne me comprenait plus. En réalité, on refusait de m'entendre, comme on le fait avec les enfants quand ils commencent à grandir, pour les obliger à mieux parler, à chercher de meilleures manières de dire les choses.

Dès la petite enfance, on apprend ainsi à entendre les images, puis à ne pas dire les choses trop platement. Comme le dit un proverbe : « C'est dès les fondations qu'il faut redresser la murette». J'ai connu à Dui un homme d'âge mûr qui ne savait pas parler et dont tous se moquaient, comme d'un idiot de village. Il aimait venir nous écouter discuter quand je travaillais avec Cyriaque sur les énoncés proverbiaux que j'avais pu recueillir et que je reprenais avec lui, pour vérifier que j'en avais bien compris le texte, les images, le rapport à la situation et compléter le corpus par des énoncés semblables ou des situations d'énonciation différentes. L'homme écoutait et posait parfois des questions. Il ne me semblait pas du tout demeuré : sans doute était-il juste un peu résistant à la poésie, un peu terre-à-terre comme on dit en français. Il cherchait à comprendre comme moi comment fonctionne le discours proverbial, s'essayait parfois à énoncer un proverbe… Mais ses difficultés à bien maîtriser le langage imagé avaient fait de lui un personnage rejeté, inadapté à la vie villageoise. Il devait avoir une bonne quarantaine d'années et était toujours célibataire : qui voudrait épouser un garçon qui ne sait pas bien parler, dont la parole ne sera pas entendue ? Dans ce contexte, on ne saurait confier de responsabilité, pas même celle de père de famille, à celui qui ne maîtrise pas la parole, signe d'un manque de maîtrise plus général et surtout du manque de clairvoyance qui permet, à celui qui sait user de métaphores, de faire le lien entre les choses, entre les situations.

10.

Un œuf ne peut pas atteindre un poussin

Le goût prononcé pour les proverbes comme autant de manières de faire deviner ce qui n'est pas dit, ce qui ne se dit pas, est dans le même esprit. Les proverbes, tels qu'ils sont conçus dans ce contexte, ne sont pas seulement des formules héritées des anciens et porteuses d'une certaine sagesse ; ce sont de vraies « métaphores vives », selon l'expression du philosophe Paul Ricœur[29]. Les formules proverbiales ont d'abord pour objectif d'avoir un impact, de toucher l'auditeur invité à comprendre, et à agir en conséquence. Le recours au proverbe est en effet un moyen de faire entendre une opinion, un avis et parfois une critique, de manière imagée afin de ne pas blesser la personne à laquelle on s'adresse ainsi (ce qui serait le cas si on la critiquait directement), mais aussi, comme on le dit en bomu, afin de ne pas « se déchirer » la bouche à émettre des paroles trop explicites, trop directes. Derrière cette expression, est convoquée l'image d'une personne qui ne saurait pas se maîtriser et laisserait fuir les paroles comme on laisserait dégouliner le liquide mal retenu par une bouche dont le coin des lèvres serait ouvert. Dans la mesure où savoir bien parler consiste à savoir se faire entendre par allusion, en utilisant des images évocatrices, dire les choses directement, platement, serait parler sans recherche poétique, ce qui est mal considéré. En effet, parler ainsi serait faire montre de peu d'intelligence, de peu de sensibilité. Ce serait aussi laisser

---

29.   RICŒUR, Paul, 1975, *La métaphore vive*, Paris, Seuil.

croire que l'on considère la personne à qui on s'adresse comme
trop bête pour comprendre les métaphores, les images, la poésie.
Ce serait enfin prendre le risque de ne pas être entendu, parce
qu'on ne vous prendrait pas vraiment au sérieux. Celui qui parle
comme un enfant, platement, comme quelqu'un qui ne maîtrise
pas les proverbes et le langage imagé, est considéré en quelque
sorte comme un idiot, déficient intellectuellement comme
socialement. Il ne fait pas preuve d'une bonne maîtrise de la
parole, celle-ci consistant à savoir « faire entendre » les choses
plus qu'à les dire.

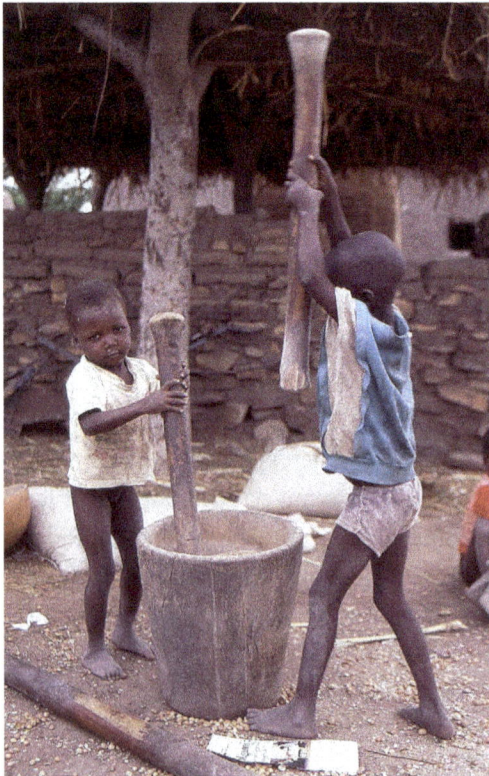

Fig.12 – Les petits enfants imitent les grands,
Sialo, 1993. ©Cécile Leguy

Certains jeunes sont à l'inverse déjà très pertinents, sachant bien utiliser la parole imagée. On dit d'eux : « La petitesse du piment n'empêche pas qu'il soit piquant ». Les enfants sont cependant toujours assez réservés face aux adultes, plus précisément face à leurs parents et aux personnes de la génération de ceux-ci. À l'école, face au maître qui a l'âge de leur père, ils baissent les yeux et attendent d'être interrogés pour parler, comme ils le font à la maison, gardant toujours une certaine distance respectueuse vis-à-vis de leurs parents. Les petits griots se distinguent cependant en classe car, comme on le dit en bomu, « le griot ne connait pas la honte ». Ceux-ci prennent plus facilement la parole, intervenant sans être toujours sollicités et étant souvent plus vifs, n'ayant peur de rien. Julien me désigne un jeune garçon aux yeux malins, son meilleur élève mais qu'il considère malheureusement comme un enfant « mal éduqué », un gamin des griots de Sounlé qui fait honte à son village. Je lui fais remarquer qu'il est tout de même le premier de sa classe, et c'est avec un certain dépit qu'il l'admet. Les enfants de cultivateurs ne sont pas aussi à l'aise face aux adultes, n'osent pas montrer ce qu'ils savent, n'ont pas la même curiosité. Face à la réserve des uns, la vivacité des autres peut facilement passer pour du sans-gêne, comme cette fois où une griotte de passage au village est entrée dans ma chambre pour y admirer les pinces à linge colorées accrochées à un fil dont elle avait entendu parler, sans doute par les enfants, qui aimaient venir chez moi et qui manifestaient beaucoup de plaisir à voir ces morceaux de plastique… Qui d'autre qu'une griotte entrerait ainsi dans la chambre de quelqu'un, sans y être invité ?

Dans certaines situations pourtant, j'observe les enfants plus à l'aise et plus bavards. Quand ils sont avec leurs grands-parents, toute retenue semble oubliée ! On grimpe sur les épaules du grand-père, on lui tire les oreilles, on l'insulte en moquant sa démarche déhanchée. La jeune fille provoque sa grand-mère en se positionnant comme rivale, dénigrant ses dents gâtées, ses cheveux rasés, sa triste mine : « je vais te prendre ton mari, tu n'es plus jolie, il ne veut plus de toi ! ». Ensemble, elles chahutent, mettant en scène cette « relation à plaisanterie » qui les relie à travers les générations. Face à leurs grands-parents, ou aux personnes situées sur la même ligne généalogique, les jeunes semblent se libérer, laisser parler tous les sentiments retenus face à leurs propres parents. De la même manière, dans la situation d'enquête, il m'a été parfois difficile de discuter avec des jeunes qui répondaient de manière mesurée à mes questions, comme ils l'auraient fait face aux questions d'un de leurs parents. Ce fut notamment le cas quand, en 2010, j'ai mené une enquête à Bamako sur les petites bonnes originaires de la région. Je n'étais plus alors le petit *toubabou* du village à qui on apprend à parler, mais une personne en âge d'être leur mère que ces jeunes filles avaient quittée pour venir travailler en ville et gagner, sans l'accord de leur famille parfois, de quoi devenir des jeunes femmes prêtes au mariage. Faut-il attendre d'être en âge d'être une grand-mère pour pouvoir à nouveau échanger librement et discuter sérieusement avec les jeunes ?

Les relations à plaisanterie s'expriment aussi à un autre niveau, comme cela est bien connu en Afrique de l'Ouest : selon le nom de famille, nom clanique qui entraîne certains types de relations. Ainsi, les Diarra plaisantent-ils avec les Dembélé ou les Traoré. Si le respect des aînés oblige les plus jeunes à plus de retenue même dans une situation les plaçant face à un parent à plaisanterie, la licence permise par la relation leur donne malgré tout la possibilité, là aussi, de se défouler et de dire ce qu'ils ont sur le cœur, et même plus encore, dans un jeu burlesque où insultes et obscénités sont soudain permises. Dans le cadre de ces relations à plaisanterie, il est plus facile de se livrer, de s'exprimer sans prendre la peine de voiler sa parole.

Cependant, dans ces situations-là aussi, il est bien vu de savoir s'exprimer de manière imagée, de montrer sa maîtrise du discours proverbial. Ainsi Julien lance-t-il, au jeune garçon dont il aime se moquer dans le cadre de la relation à plaisanterie qui les lie, ce proverbe : « Tant que la queue du margouillat[30] n'est pas coupée, il ne voit pas l'entrée de son trou ». L'enfant ne cessait de gigoter tandis que sa mère lui coupait les cheveux, n'écoutant pas ses appels au calme, jusqu'au moment où le rasoir lui entailla l'oreille, fait qui le figea sur place et provoqua l'énoncé moqueur de Julien. Avec des proverbes de ce type, les adultes font la leçon aux enfants. Il ne s'agit pas de transmettre des principes moraux, mais bien de les inviter à réfléchir, à faire le lien entre les situations qu'ils vivent et les aventures des animaux qu'ils aiment observer, voire torturer comme ce pauvre reptile dont la chair grasse et croustillante fait régulièrement le festin de gamins affamés.

Les proverbes permettent de faire entendre ainsi des remarques désobligeantes sans être trop direct, ce qui offre aussi la possibilité à l'interlocuteur de ne pas comprendre – ou de feindre ne pas comprendre – notamment quand la critique le dérange. Un jeune homme qui sait que son père aimerait qu'il désherbe le champ, mais qui retarde le moment de le faire parce qu'il a d'autres activités plus intéressantes prévues par exemple, peut faire comme s'il ne comprenait pas la critique paternelle si celui-ci lui adresse un proverbe un peu obscur, comme « La femme esclave ne va pas tomber enceinte en restant assise à ne rien faire ». Cet énoncé peut être un peu difficile à comprendre pour un jeune homme, qui ne sait pas forcément que, du temps où l'on avait des esclaves – ennemis ou descendants

---

30.   Nom courant donné en français à un gros lézard à la tête colorée (*Agama agama*) très fréquent en Afrique.

d'ennemis gardés prisonniers lors d'une guerre inter-villageoise – leurs enfants devaient trouver eux-mêmes leurs conjoints et ne pouvaient pas intégrer les réseaux d'alliance familiaux, même s'ils étaient élevés avec les enfants de la famille dont ils portaient également le nom. Face à une telle parole, qui peut être considérée comme la parole elliptique d'un ancien, le fils peut se permettre de faire croire qu'il n'a pas compris le message. Mais si le père utilise un proverbe simple, comme « Une viande qui n'a pas cuit dans la marmite ne cuira pas dans la joue », il est plus délicat pour le jeune homme de laisser croire encore qu'il ne comprend pas ce qu'on cherche à lui dire. Pour saisir un tel proverbe, nul besoin de connaître des coutumes anciennes ou d'avoir vécu des situations spécifiques. Tout le monde peut entendre ici qu'on appelle à faire les choses au bon moment. En l'occurrence, si le fils reporte encore le désherbage du champ, il prend le risque de laisser croire qu'il ne comprend pas un proverbe aussi clair. Le choix qui se présente à lui est alors de se mettre au travail et de faire ce que son père attend de lui, ou bien de passer pour un simplet, un idiot irresponsable qui ne comprend rien au langage imagé…

Si les jeunes sont très vite initiés à entendre des proverbes, puis à en émettre à leur tour, maîtriser la parole suppose également avoir une certaine compréhension des situations et des relations sociales qui sont en jeux. Chacun est invité non seulement à apprendre à parler de manière imagée dès l'enfance, mais aussi à apprendre à maîtriser sa parole, à savoir quand parler et quand se taire, ce qu'il est permis de dire et ce qui ne peut pas l'être, même de manière voilée derrière une parole allusive. Apprendre à bien parler demande donc un effort : il faut savoir retenir sa parole, ne pas dire les mots qui fâchent, savoir faire entendre ce qu'on pense de manière indirecte. C'est la fréquentation des personnes plus expérimentées qui permet d'acquérir une certaine maîtrise de la parole poétique. Comme le dit un proverbe : « Le petit caillou accompagne les pois pour obtenir du beurre ». Les enfants qui passent du temps à écouter les anciens apprennent à bien parler et peuvent ensuite briller auprès de leurs amis, quand ils discutent ensemble entre jeunes. Car si traditionnellement, on ne confie de responsabilité qu'à des personnes qui maîtrisent bien leur parole, dans les groupes de jeunes également celui qui sait bien parler devient vite plus populaire que les autres. Autrefois, les jeux de devinettes étaient très prisés lors des soirées organisées en l'honneur d'une future épouse, chacun cherchant de cette manière à se faire remarquer des jeunes filles et garçons des villages voisins venus pour l'occasion. Précisons qu'un même terme désigne en bomu le proverbe et la devinette (*wawé*), car c'est la même gymnastique d'esprit qui est requise : dans les deux genres, il faut deviner ce qui n'est pas explicitement dit.

Quand on énonce par exemple : « J'ai suivi une route jusqu'à ce qu'elle soit devenue double, et j'ai suivi les deux », chacun est invité à chercher la réponse et celui qui est le plus rapide, faisant ainsi preuve de sa vivacité d'esprit, donne la réponse puis énonce une devinette à son tour. Ici, à cette devinette, on répondra : « le pantalon, parce qu'il a une entrée et deux sorties ». Pour trouver la réponse, il faut visualiser l'action en faisant abstraction des termes spécifiques à la situation – ici, le promeneur qui se retrouve à un embranchement où deux routes se présentent – pour pouvoir appliquer le raisonnement à un autre type de situation semblable ; en l'occurrence, la situation d'une personne enfilant un pantalon, en mettant les deux jambes par la même entrée jusqu'à ce que chaque jambe suive un des deux chemins offerts par la bifurcation… Le raisonnement auquel entraîne ce type de jeu de langage est bien similaire à ce qui est requis pour comprendre un énoncé proverbial. Dans le jeu de devinettes, il s'agit aussi de montrer sa maîtrise de la parole allusive, la résolution de l'énigme nécessitant également de transposer la signification d'un contexte à un autre.

Il faut faire attention cependant à savoir garder sa place, et même si un jeune maîtrise la parole imagée, il doit savoir s'adapter à la situation : face à certaines personnes, son père par exemple, un jeune homme ne peut pas se permettre de dire n'importe quoi, même de manière allusive. Un cadet ne peut pas se permettre d'énoncer en premier un proverbe face à un aîné. Il ne lui revient pas d'engager la conversation de cette manière, car on attend de lui une certaine humilité face à la parole d'une personne plus âgée. Si on lui adresse un proverbe et qu'il veut répondre en recourant à son tour à une parole imagée, il doit bien choisir ses mots. Pour pouvoir énoncer un proverbe face à une situation donnée, il faut également en quelque sorte être habilité à le faire. Or, de nombreux proverbes présentent une dimension critique, dans la mesure où il est justement bien vu de formuler ses critiques de manière indirecte, par le biais d'images. On mettra en garde un jeune qui se permettrait une parole considérée comme désobligeante vis-à-vis d'un aîné en lui disant, afin de le remettre à sa place : « Un œuf de poule ne peut pas rouler et atteindre un poussin », l'œuf n'étant en quelque sorte qu'un « minable » vis-à-vis du poussin, qui n'est lui-même encore que peu de chose vis-à-vis du coq ! Celui qui est en position de cadet social ne peut pas émettre un avis critique, même sous-entendu derrière les images d'un proverbe. S'il veut s'exprimer, tout en « parlant bien », il peut choisir de dire un proverbe comique et se contenter ainsi de commenter la situation, de manière humoristique. On appréciera alors son habileté et la manière avec laquelle il parvient à retourner la situation en faisant sourire.

Ainsi, c'est en provoquant l'hilarité générale que Jacques

répond à Antoine – qui recommandait de ne pas trop boire à ce grand neveu qui n'est pas toujours raisonnable quand le *dolo* coule à flot – en disant à son propre sujet « Si le chat a acheté son lait, il se lave la barbe dedans », autrement dit « je fais ce que je veux avec mon argent », mais en se plaçant lui-même dans la situation un peu ridicule du chat qui gâche le bon lait sous prétexte qu'il l'a payé lui-même et n'a donc de compte à rendre à personne. Jacques fait divers travaux d'artisanat, fabriquant notamment des fauteuils en petites branches semblables à de l'osier dès que les récoltes sont terminées, et la vente de ces objets lui permet d'avoir une certaine indépendance financière vis-à-vis d'Antoine, chef de la famille depuis le décès du père de Jacques. Sa manière de lui répondre, même si elle peut paraître un peu insolente, comme s'il disait « je fais ce que je veux ! », est cependant acceptée parce que le proverbe est retourné contre lui-même, qu'il se présente dans une situation comique, voire ridicule, et que c'est sa propre situation qui est tournée en dérision par l'énonciation du proverbe.

.

11.

De nouveaux morceaux de puzzle

Le travail avec Cyriaque, lors de mon deuxième long séjour, avance bien. Nous avons été mis en contact par Eleonora, la religieuse italienne qui tient le dispensaire de Touba. C'est une petite femme énergique, infatigable, qui parcourt la région au volant d'un gros 4X4. Les gens l'ont baptisée Sœur Vitesse. Dans cette région où règne une certaine léthargie, elle impose effectivement à son entourage un autre rythme… Je ne sais plus à quelle occasion j'ai fait sa rencontre l'année précédente, mais elle s'est tout de suite intéressée à mes recherches et m'a parlé de ce patient un peu spécial, souffrant d'épilepsie. Nous nous sommes vues à Paris pendant l'été et avons cherché ensemble, dans les rayons d'une librairie spécialisée à Odéon, des ouvrages sur cette maladie dont elle espère bien pouvoir le soulager. L'épileptique est considéré un peu comme un fou dans la région, et quand il fait une crise on se contente souvent de l'enchaîner au fond de la maison, de la même manière que l'on traite les aliénés les plus dangereux. Eleonora a pu trouver un traitement qui devrait au moins espacer les crises. Cyriaque a dû arrêter sa scolarité quand il était au lycée en raison de sa maladie, mais il a gardé du goût pour les études et remplit lui-même des cahiers de notes, s'intéressant tout particulièrement aux proverbes. Il écrit également des poèmes, en français, dans des cahiers d'écolier qu'il garde précieusement au fond d'une cantine et qu'il me montre un jour, par connivence. Je ne sais pas ce que tout cela a pu devenir, maintenant qu'il est décédé. L'année où nous travaillons ensemble, il va plutôt bien. Le traitement semble lui convenir, il se sent mieux, beaucoup moins fatigué. Il fait même parfois à pied les onze kilomètres qui séparent Dui du dispensaire de Touba, heureux de prendre sa vie en main. Ce n'est pas seulement par reconnaissance pour Eleonora qu'il accepte notre collaboration[31] : il est vraiment très heureux de se rendre ainsi utile, et ne cesse de me répéter que c'est intéressant pour lui aussi, que mes questions l'aident à réfléchir et que tout ce qui concerne les proverbes le passionne. Il aurait aimé pouvoir faire ce genre d'études lui-même et se projette dans ma thèse, me posant parfois des questions techniques sur la manière dont je compte présenter les choses. C'est avec une grande fierté qu'il montrera l'ouvrage issu de ma thèse aux notables du village quand, lors de mon passage en 2003, je lui en apporterai un exemplaire. Presque chaque jour, je viens le voir à Dui. J'ai acheté une mobylette bleue de marque *Kamiko* qui me donne une certaine autonomie et me permet d'aller d'un village à l'autre. Le moteur s'entend de loin et dès que j'approche du village, je l'aperçois venant tout souriant à ma rencontre, le cahier à la main. Nous nous installons généralement chez Irma, la femme du catéchiste, représentant de l'Église catholique s'occupant d'organiser la prière et d'assurer les rites chrétiens et la formation de base en l'absence de prêtre. Sa cour est propre et calme et elle nous invite à nous asseoir à l'ombre d'un hangar. Irma est ma logeuse à Dui. C'est toujours elle qui me nourrit et c'est aussi chez elle que je dors quand je reste pour la nuit. Cyriaque se sent en confiance dans cette maison où il n'est pas traité tel un paria comme il peut l'être par certains villageois, non seulement parce qu'il est forgeron mais surtout du fait de cette maladie considérée comme honteuse, que l'on pense contagieuse, transmise aux

---

31.   Nous avons décidé ensemble de la compensation financière que je lui verse par jour de travail, qui lui permet ainsi de gagner un peu d'argent, ce qui n'est pas non plus négligeable pour lui !

Fig.13 - Cyriaque et son père, partant au marché y vendre son médicament contre les morsures de serpents, Dui, 1995. ©Cécile Leguy

hommes par les cochons qui bavent de manière semblable quand ils ont des convulsions. Dans ce village comptant presque six cents habitants, j'apprends à connaître d'autres gens, d'autres histoires de vie. La reprise de proverbes notés précédemment fait réagir, rappelle d'autres situations, entraîne de nouveaux récits quand par exemple Cyriaque me dit connaître un énoncé, mais l'avoir plutôt entendu dans telle ou telle situation.

Le père de Cyriaque est un personnage. Forgeron, il n'a pas vraiment de village et ne s'est installé à Dui avec sa famille que depuis quelques années, après avoir vécu dans différents villages non comme artisan, comme le font généralement les forgerons, mais en tant que catéchiste. Le nom en bomu de Cyriaque est Manza'oui (Mandiakui), nom du gros village chrétien où se sont installés les premiers missionnaires catholiques dans les années 1920 et où il est né, les catéchistes changeant régulièrement de lieu d'installation en fonction des mutations. Son grand frère s'appelle

Fio ; ils avaient vécu auparavant à Fio. On compte de nombreux forgerons parmi les premiers convertis au christianisme, ceux-ci n'ayant, comme les descendants d'esclaves, pas grand-chose à perdre en changeant de mode de vie, même si les forgerons, en tant que maîtres des éléments vitaux, jouent des rôles essentiels auprès des paysans bwa. C'est souvent à un forgeron qu'est confié le *Do*[32] du village, ce qui représente le principe d'unité des Bwa au-delà du village lui-même, et ses attributs matériels : rhombe[33], tambours... Ce sont aussi les forgerons qui prennent en charge les funérailles des cultivateurs, et ils sont les seuls habilités à creuser profondément la terre. Benoît-Joseph, le père de Cyriaque, est donc un forgeron sans forge, mais depuis qu'il a pris sa retraite il utilise ses savoirs d'herboriste pour fabriquer un médicament contre les morsures de serpent qu'il vend de marché en marché, circulant à bicyclette entre les villages du sud du *Bwatun*. Il est célèbre dans toute la région pour avoir créé ce médicament miraculeux. C'est aussi un homme connu pour sa maîtrise de la parole, qui dit beaucoup de proverbes et raconte des histoires. La passion de Cyriaque pour les proverbes n'est pas étrangère aux habitudes de son vieux père aux yeux pétillants. Quand il se décide à dire des contes, autour d'un grand feu dans la cour même de sa maison, un peu à l'écart du village, voisins et enfants accourent. Tous l'écoutent avec passion et, si ce n'est le ou la répondant(e) qui rythme sa parole et les rires qui fusent par moment, on n'entend guère que le bruit du feu et les toux qui

32. Entité d'ordre spirituel, définie comme « ce qui fait l'unité des Bwa ». Il fait l'objet d'un culte pour lequel il faut être initié. Le *Do-so* (*Do*/possesseur), que l'on peut appeler « prêtre de *Do* », est celui auquel *Do* est confié, avec ses accessoires divers (dont des tambours, un rhombe...), et qui prend en charge les cérémonies.

33. Instrument de musique sacré, conservé hors de la vue des non-initiés. Il est généralement formé d'un morceau de métal fixé sur une corde qu'on fait tourner pour qu'il produise un sifflement.

parasitent tout de même un peu mes enregistrements. Il conte seul une grande partie de la nuit, personne ne prend le relais et la soirée s'étend facilement jusqu'au petit matin : ce n'est pas une nuit pour le sommeil, place aux histoires ! Bien sûr, les enfants finissent par s'endormir, les mamans les emmènent au chaud dans les maisons. Mais nous, nous restons jusqu'à ce qu'il cesse ses récits, Cyriaque m'expliquant à voix basse les passages des contes qui m'échappent.

Souvent, quand nous sommes installés chez elle à travailler sur les proverbes, Irma nous écoute en écossant des pois ou en confectionnant au crochet de petits bonnets pour bébés qu'elle donne aux sœurs pour leurs œuvres sociales. Elle-même n'a pas d'enfant et c'est un drame pour leur couple. Avec Rogatien, son mari, nous partons un jour en brousse à la recherche d'une plante indiquée par un devin guérisseur, afin d'en préparer une décoction. Le soir, Irma est immergée dans une grande bassine du liquide bouillant ; on lui frotte le dos avec les feuilles de la fameuse plante. Elle reste assez longtemps dans l'eau fumante, assise dans la grande bassine au milieu de la cour intérieure. Rogatien prie pour que cela marche, mais en vain. La petite Wurowé qui vit avec eux est la fille d'une sœur d'Irma qui la lui a confiée, comme le font souvent les sœurs quand elles-mêmes ne rencontrent pas de problème pour enfanter, mais cela n'empêche pas les gens de faire pression sur Rogatien pour qu'il prenne une deuxième femme et ait enfin des enfants, car il est toujours évident pour tous que la stérilité est féminine. Le couple finira par se séparer.

Cyriaque de son côté a un garçon, Nestor dit Nessi, un jeune adolescent qu'il a malencontreusement eu avec une fille de cultivateurs, de « nobles ». Leur union a donc été considérée comme impossible, et il a élevé seul, avec ses propres parents, cet enfant irrémédiablement forgeron. Du fait de la maladie de son père, de la pauvreté de ses grands-parents, le garçon n'est jamais allé à l'école. Il partage son enfance et les tâches domestiques avec une fille de la sœur de Cyriaque qui a été confiée à sa grand-mère, qu'on appelle Zouara, « Déconsidérée », parce que sa mère a épousé un non-chrétien et que cela n'a pas plu au vieux Benoît-Joseph. Elle est le deuxième enfant, et dans son village paternel elle a été appelée Anou, « Aimée », afin de faire accepter la situation. Elle porte ainsi dans ses différents noms le dialogue difficile entre les familles de ses deux parents. Mais c'est chez ses grands-parents maternels qu'elle vit, venant en quelque sorte y remplacer sa mère, comme cela est de coutume. Précisons cependant que, contrairement à ce que pourrait laisser croire le nom par lequel on la désigne de ce côté de sa parenté, elle y est choyée !

J'ajoute petit à petit des morceaux au puzzle, comprenant de plus en plus de choses sur la vie des gens, la manière dont sont gérées les relations sociales, et sur la place que prend dans tout cela la parole proverbiale. Ce dont j'avais déjà pris conscience l'année précédente en recueillant des paroles imagées dites en situation d'énonciation – et en progressant dans l'apprentissage d'une langue qui supposait, pour bien parler, d'apprendre à utiliser des images – allait être bien approfondi grâce à ma collaboration avec Cyriaque. C'était bien toute une manière de parler qui était révélée dans ce goût immodéré pour les proverbes, et non seulement un amour de la citation comme on peut le penser parfois. Parler en proverbes, c'est d'abord chercher à faire comprendre, par des images et des sous-entendus, ce que l'on ne peut pas, ou que l'on ne veut pas, dire de manière trop explicite. Cela est vrai pour les proverbes eux-mêmes, mais aussi comme je le compris très vite, pour toute parole qui se doit d'être bien dite.

12.

Ce dont on ne parle pas

On dit souvent qu'on ne voit que ce qu'on est prêt à voir,
et il en est de même dans l'enquête ethnographique. Le
chercheur qui arrive sur le terrain n'est pas tout à fait dans la
situation du petit enfant qui vient de naître et a tout à apprendre,
car bien souvent avant de faire le voyage, il a lu. Il n'est donc pas
complètement innocent. Ses lectures le rendent même averti et il
est effectivement plus armé pour comprendre certains faits qu'un
simple voyageur. Ce qu'il a découvert en lisant des travaux plus
anciens ou des monographies sur les populations voisines du lieu
où il se trouve l'aide à faire des liens, à affiner son observation,
à poser certaines questions. En même temps, il doit rester
prudent et ne pas trop vite appliquer à la réalité qu'il observe des
déductions faites à partir de ses lectures. Sinon, il prend le risque
de mal interpréter, voire de conforter des erreurs d'interprétation
ou des schémas de compréhension inopérants ou dépassés. Les
Bwa ont par exemple fait l'objet dans les années 1960-70 d'une
enquête approfondie de longue durée par un anthropologue
français, Jean Capron, très marqué, comme beaucoup de
chercheurs à cette époque, par la pensée marxiste. Ainsi, dans sa
monographie[34], il présente le village comme une communauté,
stratifiée par les classes d'âge, mais fondamentalement égalitaire.
En vivant au village, je perçus très vite combien cette vision était
idéalisée, la réalité des relations sociales ne correspondant pas
tout à fait à l'idéal communautaire présenté. Ainsi par exemple,

---

34. CAPRON Jean, 1973, *Communautés villageoises bwa, Mali-Haute-Volta*,
Tome 1 fascicule 1, Paris, Institut d'ethnologie.

je m'aperçus au bout de quelques semaines qu'Antoine faisait payer la place de celui ou de celle qu'on emmenait en charrette au marché, même s'il était du village. Le service n'était pas gratuit! Bien sûr, les réalités villageoises n'étaient déjà plus les mêmes dans les années 1990, la région ayant connu de longues années de sécheresse qui ont conduit à des exodes, saisonniers ou définitifs, et ont entraîné divers changements plus difficilement perceptibles mais bien marqués. Par exemple, du fait de la désertification, une grande partie des graminées qu'on utilisait pour tresser des nattes rigides pour servir de sommier ou des paniers ne poussent plus[35]. Les activités artisanales ne peuvent plus suffire à occuper les cultivateurs pendant la saison sèche. Chacun doit donc chercher des moyens de gagner un peu d'argent, et cette situation a pu entraîner de nouveaux rapports de voisinage… Cependant, d'autres phénomènes plus ancrés sont également révélateurs de grandes inégalités, même si c'est de manière cachée. Ainsi à Sialo, je repérais certaines personnes en réelles difficultés, semblant être mises à l'écart de la « grande famille », et je compris la situation quand, alors que j'échouais à les rattacher à l'ensemble du lignage en retraçant les relations généalogiques, on me fit comprendre qu'il s'agissait en fait de descendants d'esclaves. Je connaissais cette situation d'esclave puis de descendant d'esclave, bien documentée dans toute la région, mais je n'avais pas imaginé qu'elle puisse concerner aussi de petits villages sans pouvoir centralisé comme Sialo. Et surtout, je n'avais pas pensé que, des décennies après la suppression de l'esclavage, l'on puisse encore souffrir ainsi du fait du statut de ses ancêtres. Le descendant d'esclave, même s'il semble faire partie de la famille, a des difficultés à se marier et ne dispose pas de bonnes terres pour cultiver : il est voué à rester misérable, et à

---

35.   Ne manquant pas d'ingéniosité, les paysans réutilisent aujourd'hui les sacs de riz faits de lanières de plastique tissées qu'ils dépiautent complètement pour en faire des nattes souples.

transmettre à ses enfants non seulement sa pauvreté, mais aussi son stigmate, puisque personne n'oublie d'où chacun vient… On comprend pourquoi les descendants d'esclaves, comme les forgerons, comptent parmi les premiers à s'être convertis au christianisme et à avoir scolarisé leurs enfants. Pour eux plus encore que pour les autres, le choix pour ces nouveaux modes de vie est aussi un pari sur un avenir meilleur.

Le plus délicat peut-être, dans l'enquête ethnographique, est de parvenir à révéler les évidences, ce qu'a bien montré Maurice Bloch en éclairant ses pratiques d'enquête à Madagascar grâce aux progrès de la psychologie cognitive[36]. Lors d'une recherche spécifique que je menais en 2005 sur le personnage du célibataire, en tant que figure de l'altérité tel qu'il m'était apparu dans les contes et les proverbes, j'apprenais lors d'un entretien avec Étienne, un bon conteur qui est aussi une personne ressource concernant les faits culturels, qu'il existait des « célibataires de naissance ». Des enfants, garçons comme filles, sont ainsi voués à ne jamais se marier, parce qu'ils sont nés prématurément, ce qui est marqué sur leur corps de nouveau-né par une ligne plus foncée reliant leur nombril au pubis. Cette hyperpigmentation est conçue comme un signe d'anormalité, empêchant toute union matrimoniale par la suite si l'enfant survit. Étonnée par cette découverte – et même un peu dubitative, me demandant si Étienne ne s'était pas amusé à me raconter des bêtises –, j'en parlais le soir même à Tuanma (Homonyme), que j'appelle ainsi[37] parce qu'elle porte le même prénom que moi. Et celle-ci me répondit, surprise de mon étonnement, qu'évidemment, un enfant prématuré ainsi marqué ne pourra jamais se marier. Et elle ajouta que, de toute façon, puisqu'il n'est pas fini, il ne

---

36.   BLOCH, Maurice, 1995, « Le cognitif et l'ethnographique », *Gradhiva* 17, pp. 45-54.

37.   Il s'agit d'une dénomination réciproque ; elle m'appelle également Tuanma, « Homonyme ».

pourrait pas avoir d'enfant !

Je savais pour l'avoir lu dans différents ouvrages consacrés à la région, y compris dans les textes publiés par le docteur Cremer au début du 20e siècle[38], et pour en avoir souvent entendu parler sur le terrain, que certains défunts ne doivent pas être enterrés ou ne l'être que sous certaines conditions, du fait de leur infécondité supposée ou effective, de leur incomplétude. Quand en juin la pluie tarde à venir, quand il pleut dans la région mais pas sur les terres d'un village, un vent de soupçon commence à se lever. Il y a beaucoup de fautes qui peuvent empêcher la pluie de tomber : le meurtre d'une cigogne par exemple. L'oiseau, annonciateur de la saison des pluies, est traditionnellement protégé pour cette raison, et si par malheur un chasseur maladroit ou un ignorant en a tué un, on a l'explication. Il faut alors organiser les funérailles de la cigogne ou de ce qu'il en reste si elle a servi de repas, l'enterrer avec tous les honneurs, pour que la faute soit réparée. Ces dernières années, la pluie étant particulièrement capricieuse, la question de la cause du problème s'est posée à plusieurs reprises. Ce sont des choses dont on nous informe même au téléphone, quand nous appelons pour savoir s'il pleut bien. Mais il y a plus grave encore qu'une cigogne abattue. Il y a en particulier deux types d'individus, renvoyant à deux personnages du récit d'origine recueilli par Jean Capron et Ambou Traoré[39], dont l'inhumation est censée entraîner l'absence de pluie. Ce sont d'une part les nains, hommes comme femmes, et d'autre part les femmes qui restent

---

38. CREMER Jean, 1924 et 1927, *Matériaux d'ethnographie et de linguistique soudanaises* (documents recueillis et traduits par Jean Cremer, introduction par Henri Labouret), Tome III : Les Bobo, la vie sociale ; Tome IV: Les Bobo, la mentalité mystique, Paris, Librairie Orientaliste Paul Geuthner.

39. Capron Jean et Traoré Ambou, 1989, *Le grand jeu. Le mythe de création chez les Bwa-Pwesya, Burkina Faso, 1986-1987*, Tours, Université François Rabelais de Tours (Mémoire du Laboratoire d'Anthropologie et de Sociologie n°III).

impubères et/ou dont les seins ne se développent pas[40]. Ces êtres inféconds ou supposés tels ne doivent pas être enterrés, ni dans le sol de la maison comme le sont les membres de la famille, ni au pied d'une gouttière à l'extérieur comme les petits enfants qui meurent avant d'avoir été présentés à *Do*, le principe d'unité des Bwa, ni même aux abords du village, dans un cimetière, comme le sont aujourd'hui les chrétiens. La présence d'un tel corps incomplet en terre entraînerait sécheresse et famine. Pour bien faire, leur dépouille doit être éloignée vers l'Ouest, direction vers laquelle on rejette toutes les mauvaises choses tandis que les bonnes comme la pluie viennent de l'Est. Elle sera transportée de village en village enveloppée dans une natte jusqu'à être jetée dans un cours d'eau. La présence de chrétiens dans certains villages entraîne parfois des incompréhensions, et dès qu'une grande sécheresse s'annonce, ceux-ci sont soupçonnés d'avoir inhumé un être infécond dans leur cimetière. Quand la pluie tarde à venir, on assiste à des discussions pour savoir s'il était bien raisonnable d'enterrer telle personne, restée petite malgré les années, et les chrétiens, qui permettent d'enterrer tout converti, peuvent être forcés d'accepter qu'un corps douteux soit exhumé, afin que la vie reprenne ses droits.

Ce qui était évident pour mon homonyme correspondait effectivement à cette logique, qui, non seulement lie le mariage à la procréation comme dans de nombreuses sociétés, écartant de fait du mariage tout être considéré comme infécond, mais relie aussi la fécondité à la terre. Comme tous les paysans, les Bwa entretiennent des relations particulièrement fortes avec la terre qu'ils cultivent et dont dépend tout simplement leur survie. Mais la terre est aussi la demeure des ancêtres, et quand ceux-ci sont pris à témoins, lors d'un litige par exemple, c'est une formule

---

40. Malformation sans doute due à une monosomie totale ou partielle d'un chromosome X comme le syndrome de Turner.

associant la terre et les ancêtres qui est énoncée. Il semble par ailleurs – mais je n'ai jamais observé directement un fait semblable – qu'en cas de conflit irrésolu entre deux personnes, quand même le chef du village ne parvient pas à trancher, on en appelle à une ordalie à la terre. Chaque protagoniste ingère de la terre en prononçant une formule disant « si je mens, que la terre me voie », celui qui est en tort étant promis à une mort certaine avant qu'une année ne se soit écoulée.

Le problème de ce qui est évident, c'est qu'on n'en parle pas… parce qu'il s'agit justement de faits ou de représentations qui ne posent pas question. Si l'anthropologue ne s'interroge pas à leur sujet, il n'y a aucune raison pour que ses interlocuteurs lui en parlent d'eux-mêmes. On ne raconte pas ce qui est banal, ordinaire. Il faut parfois passer par les récits extraordinaires, ceux des héros des contes par exemple, qui mettent en scène des orphelins qui réussissent, des pères jaloux et destructeurs, des mères négligentes ou au contraire envahissantes voire égoïstes au point de faire emmurer leurs filles, pour comprendre des préoccupations qui ne sont pas verbalisées. Parler en proverbes, utiliser des images pour faire entendre aux uns et aux autres ce qu'on pense d'eux, comment on aimerait qu'ils se comportent, c'est bien dans ce milieu d'interconnaissance une manière subtile et efficace de faire passer des messages sans prendre le risque de rompre les liens sociaux, en préservant les bonnes relations qu'on entretient avec ses enfants ou ses voisins, en s'assurant du confort de pouvoir toujours compter les uns sur les autres.

13.

« Parler famille »

En menant l'enquête ethnographique à Sialo, village de petite taille (412 habitants en 1999 selon le recensement national), je me lance dans la recherche généalogique. Le village comprend deux lignages… en fait trois ! Pierre m'avait toujours parlé de Sialo comme étant un village partagé par deux lignages, celui des Diarra, la famille de son père, et celui des Théra, lignage fondateur du village, famille de sa mère. Mais dès mes premiers jours sur place je m'aperçois que tout un quartier, bien peuplé, échappe à cette présentation : les forgerons, Coulibaly, accueillis en tant qu'étrangers – les artisans, qui forment encore dans cette région des groupes endogames, sont toujours considérés comme tels – par les Diarra, considérés comme leurs « logeurs ». Ils ne sont pas comptés comme des villageois à part entière, ce sont des invités, des gens dont les savoir-faire sont indispensables et qu'on est bien heureux de côtoyer mais qui repartiront peut-être un jour… Les généalogies des familles Diarra et Théra se mêlent, des unions marquant régulièrement leurs relations au fil des générations. Rien de tel avec les Coulibaly : les forgerons ne se marient qu'entre eux et ceux de Sialo vont chercher leurs femmes jusqu'à Pa'amalo, Fangasso ou plus loin. Comme il n'y a qu'une famille de forgerons au village, toutes les filles doivent partir se marier ailleurs.

Mener l'enquête généalogique, c'est un bon moyen en « parlant famille », comme le disait Françoise Zonabend[41], de dérouler le fil des histoires de vie et des relations qui les constituent. En précisant l'origine des femmes mariées aux villageois, je recueille des histoires de rivalité, des récits de bagarres mémorables. Quand une fille est jolie, elle a rarement un seul prétendant et quand les pères, oncles, frères et cousins d'un garçon viennent lui faire la cour en son nom, débarquant en nombre avec, en cadeau, des arachides ou du tabac pour ses parents, cela ne passe pas vraiment inaperçu. D'autres garçons peuvent alors se positionner, se mettre en rivalité. Si autrefois les alliances étaient souvent arrangées dès l'enfance, aujourd'hui ce sont encore bien souvent les parents qui prennent en charge les démarches matrimoniales pour le premier mariage d'un garçon. Mais les Bwa ont toujours accordé une grande importance à la liberté individuelle, en particulier à celle des femmes. On n'oblige pas une jeune fille à épouser un garçon qui ne lui plait pas et il est très rare et très mal vu, contrairement à ce qui est pratiqué dans d'autres sociétés voisines, de laisser une fille épouser un homme qui pourrait être son père. C'est donc avec l'accord de la future épouse que le processus devant mener au mariage est engagé, même s'il arrive que celle-ci change d'avis entre le début des démarches et l'enlèvement qui doit marquer son arrachement à sa famille et son intégration progressive dans celle de son mari, après un temps de rétention d'une lune chez des alliés de celui-ci. Traditionnellement, ces démarches duraient au moins trois ans, pendant lesquels le garçon venait donner un peu de son temps avec ses frères et cousins pour travailler dans le champ de ses futurs beaux-parents, où il devait montrer sa force de travail et toutes ses qualités de bon cultivateur. Aujourd'hui, cela peut

41.   ZONABEND, Françoise, 2000, *La mémoire longue. Temps et histoires au village*, rééd. avec « La mémoire de la mémoire », postface à la 2ᵉ édition, Paris, Jean-Michel Place. (1ʳᵉ éd. 1980).

se faire plus rapidement, et de nouveaux cadeaux comme des pagnes sont également bien appréciés. La bière de mil joue aussi un rôle important, dans la mesure où les hommes de la famille du fiancé se doivent d'aller boire chez lui dès que la mère de celui-ci a préparé de la bière, et qu'il leur faut également offrir de la bière aux membres de la famille de la jeune fille quand ils les rencontrent au marché par exemple. Si, pendant tout le temps que durent ces démarches, la jeune fille a rencontré un autre garçon qui lui plait, elle peut s'arranger avec lui pour qu'au moment de l'enlèvement, ou bien juste avant, les frères et cousins de celui-ci viennent pour l'enlever pour son compte, même si cela peut mener à une véritable bataille dont l'enjeu final est la main de la jeune fille.

La fenêtre de ma chambre donne sur la cour de Victorien et je suis réveillée un matin par ses cris de colère et le bruit d'objets lancés à la volée. Des femmes crient aussi, j'entends des pleurs. Il se passe assurément quelque chose de grave. Je dois attendre Thomas pour qu'Antoine puisse m'expliquer ce qui est arrivé ; une histoire bien compliquée ! La fille de Victorien était promise à une famille alliée depuis longtemps déjà, et voilà qu'au moment où le mariage devrait se concrétiser, elle refuse de partir sous prétexte qu'un autre garçon, rencontré récemment au marché, lui plait davantage. Victorien est furieux. Comment peut-elle faire ainsi tomber à l'eau une relation établie de longue date, parce qu'elle a trouvé charmant un jeune inconnu au marché ? La jeune fille ne veut rien entendre, elle est amoureuse et refuse de changer d'avis. Victorien cherche à la convaincre, en vain. Elle finit par partir chez son amoureux. Les jours qui suivent se passent en tractations et Antoine me fait part de ses préoccupations ; la famille doit rassembler des arachides pour demander pardon à la famille du fiancé éconduit, et chacun ressent comme une honte le changement d'avis brutal de la jeune fille. Mais quelques semaines plus tard, des rugissements de colère surgissent à nouveau de la cour derrière ma chambre : la gamine est revenue, s'estimant finalement malheureuse chez son amoureux où, semble-t-il, elle a été maltraitée. Son père refuse qu'elle entre dans la maison, sa mère essaye de le raisonner, elle-même est en larmes… Victorien devra bien finir par accepter ce qu'il vit comme un double déshonneur, puisque l'union pour laquelle elle a rompu des fiançailles bien organisées tombe finalement à l'eau sur ce qu'il considère comme un second coup de tête. Pendant plusieurs soirées, ma cour est le lieu de débats virulents sur le bienfondé de laisser les filles choisir elles-mêmes leur futur époux ! J'assiste ainsi en direct, avec cet événement familial, aux tragédies qui troublent parfois l'organisation des

Fig. 14 – Feu de brousse entre Mandiakui et Touba, 1995. ©Cécile Leguy

mariages des jeunes et la gestion des relations entre les familles, dont on garde le souvenir vague ou plus précis quand on me raconte qu'une telle est finalement partie se marier dans tel village alors qu'on pensait qu'elle serait pour tel autre…

En retraçant les généalogies, le récit diverge régulièrement. La discussion attire du monde, les plus jeunes posent des questions ; ils ne sont pas toujours au courant des aventures de leurs parents et grands-parents, ils s'étonnent et veulent en savoir plus. Certaines histoires sont dramatiques. Les décès prématurés sont relatés avec leurs interprétations. On note plusieurs cas d'enfants ou de jeunes femmes qui, après s'être perdus en brousse, ont survécu très peu de temps à leur retour. On pense qu'ils y ont rencontré des génies. D'autres sont devenus fous pour les mêmes raisons. On me signale les quelques cas concernés avec fatalité. Il y a eu différents cas à Sialo et le village a même eu pendant quelques années un chef intérimaire, le vieux Vincent, actuel chef du village, s'étant récemment libéré d'une crise de folie qui avait duré plusieurs années. C'est ainsi tout un nouveau monde qui s'ouvre, celui des relations avec les êtres de la brousse, ce monde hors du village où tous les dangers sont possibles. La « brousse », ce n'est pas seulement cet espace de savane arborée qui sépare les territoires de deux villages. Le terme renvoie à ce monde sauvage et inconnu, qu'il soit rural ou urbain, où les lois humaines semblent ne plus s'imposer. On dit de celui qui part loin qu'il part « en brousse », même si c'est pour aller travailler à Bamako !

Mais parler famille, c'est aussi entrer dans les détails des choix matrimoniaux, découvrir les cas qui mettent en péril les normes sociales et permettent ainsi qu'elles soient énoncées, même si c'est pour dire qu'elles n'ont pas été respectées. Je perçois très

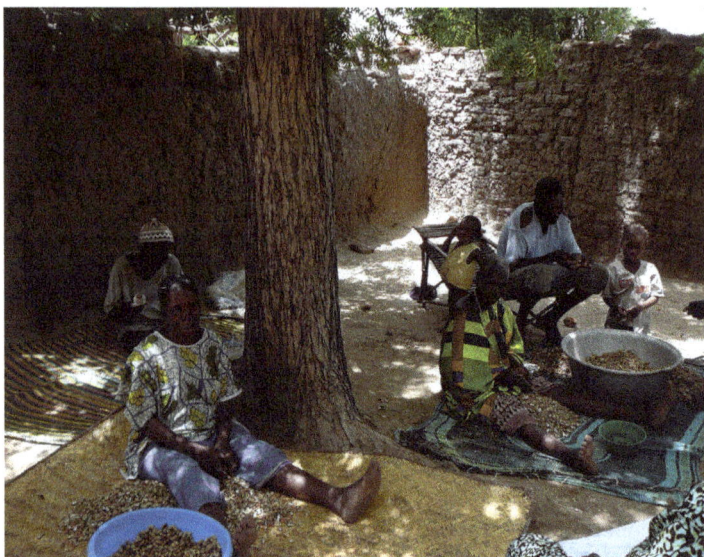

Fig. 15 - On « parle famille » dans la cour en décortiquant des arachides. De gauche à droite : Ni'o Émile, Anne, Jeannette et Jacques, Sialo, 2009. ©Cécile Leguy

vite combien l'enquête ethnographique est une confrontation permanente entre pratiques et discours ; celui qui ne s'en tiendrait qu'au discours passerait à côté de l'essentiel. Jeannette raconte comment sa sœur Anne a finalement pu épouser Ni'o Émile, le cousin germain de son propre mari : ses parents refusaient qu'elle se marie dans la même famille que son aînée, mais les deux amoureux se sont enfuis en Côte d'Ivoire et ne sont revenus qu'après la naissance de leur premier enfant. On ne pouvait plus empêcher cette union bénie par les ancêtres. Ainsi les principes viennent-ils se confronter à la réalité : le redoublement d'alliance ne se « fait » pas chez les Bwa, mais

Fig. 16 – Vincent, le chef du village, jouant de
la kora, Sialo, 1995. ©Cécile Leguy

comment s'y tenir quand les gens s'aiment et que de beaux
enfants viennent conforter cet amour ? En recueillant tous ces
récits, en notant les origines des femmes mariées aux villageois,
la destinée des filles du village parties se marier ailleurs, je vois se
dessiner des alliances préférentielles tout en notant des histoires
hors-normes, les cas d'unions désapprouvées dont on est parfois
fier, parfois honteux… et puis les zones d'ombre, sur lesquelles

les bouches se taisent. Face à certaines incohérences, je cherche à en savoir plus, mais on me renvoie vers une autre personne. Je soupçonne une origine douteuse, peut-être une union incestueuse, qu'on ne me confirme pas. Finalement, on me dit de m'adresser directement au chef du village, le vieux Vincent, si souvent ivre, qui passe une partie de ses nuits à chanter en s'accompagnant à la kora[42]... et qui feint de ne rien savoir sur ses propres parents. Il restera des trous dans mes généalogies.

---

42.   Désigne dans le français parlé en Afrique de l'Ouest (du mandingue) un instrument de musique à cordes pincées (harpe-luth) composé d'un manche et d'une caisse de résonnance faite d'une grosse calebasse évidée tendue d'une peau de chèvre. Chez les Bwa, le manche est légèrement courbé.

14.

Déchiffrer un nom

Pour parler famille, on se réfère aux noms des gens. Tous ont plusieurs noms, et chacun a sa manière de nommer une personne selon les relations qu'il a avec elle. Les chrétiens se font souvent appeler par leur nom de baptême, mais ceux qui ne sont pas chrétiens préfèrent les désigner selon le ou les noms qui leur ont été donnés à la naissance. Ainsi, Pierre n'est-il nommé comme tel que par les chrétiens. Dans la famille de son père, on l'appelle aussi Dabou, « Qui est capable », nom qui lui a été donné par son grand-père paternel trois jours après sa naissance, quand il est sorti de la maison dans laquelle sa mère a dû rester recluse après l'accouchement (s'il avait été une fille, elle y serait restée quatre jours). Quand il va saluer ses vieilles tantes dans le quartier Théra, ou bien voir les sœurs de sa mère mariées à Silo ou à Parasinlo, elles l'appellent Nyinzin, « Provocation », ainsi qu'il a été nommé par ses grands-parents maternels. Dabou était en effet le nom d'un des anciens chefs du village, un homme important du lignage Théra. Donner ce nom à un petit enfant Diarra, ce lignage rival qui rêve de prendre la chefferie depuis la fondation du village, n'était-ce pas une manière de les provoquer, eux, les descendants du grand chasseur qui le premier s'était installé sur ces terres dures mais généreuses, près d'un petit cours d'eau non pérenne et d'un grand puits à deux bouches où l'on puise une eau fortement calcaire mais qui n'a jamais rendu personne malade ? En notant les noms de Pierre, c'est toute l'histoire de la fondation du village qui se déroule sous mes yeux : le chasseur Théra s'est enfui avec sa sœur, enceinte d'un Diarra, et ils se sont installés à cet endroit pour y fonder le village où le petit Diarra est né. Les Diarra ne sont-ils donc pas faits pour diriger ce village, sur la terre duquel leur ancêtre est le premier né de tous ? En appelant Pierre Dabou devant les Théra, en l'appelant Nyinzin ouvertement en retour, chaque lignage revendique sa position, à chaque fois, rappelant par la même occasion que la détention de la chefferie par les Théra est contestable !

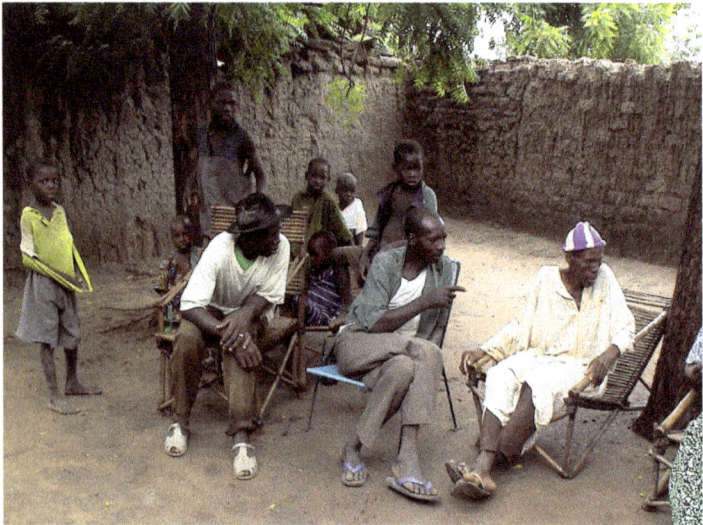

Fig. 17 – Discussion animée dans la cour. Antoine au centre, Sialo, 2005. ©Cécile Leguy

Les noms sont ainsi chez les Bwa, comme dans d'autres sociétés voisines, souvent à entendre comme des messages adressés non pas à l'enfant lui-même, mais le plus souvent à une tierce personne, à la communauté tout entière ou encore aux ancêtres. Donner un nom à un nouveau-né est une possibilité de prendre la parole d'une autre façon et de faire entendre un message implicite plus fortement encore qu'en énonçant un proverbe. Le message énoncé de cette manière, même s'il n'est le plus souvent compréhensible que de ceux qui connaissent le contexte du choix du nom, sera réitéré chaque fois que l'enfant sera appelé, et ce jusqu'à la fin de sa vie. Il sera donc entendu, non seulement au moment de la naissance où il peut avoir un sens très circonstanciel, mais aussi par la suite où il gardera, avec la glose qui l'accompagne bien souvent quand les gens sont fiers de raconter les raisons de leur choix ou d'expliquer leur propre nom, une portée significative. Plus encore, c'est l'aspect performatif de la parole dont il est tenu compte dans la mesure où, en émettant un message de cette manière, le donneur de nom fait bien souvent un choix stratégique visant non seulement à faire entendre son message, mais aussi à dénoncer, voire à faire changer une situation.

Au fur et à mesure de mes enquêtes, je note les noms des gens en demandant pour chacun si l'on peut me dire qui a choisi le nom, et ce qu'il signifie. Je recueille alors au départ ce qui me semble seulement être des moments d'histoire. Ni'o Émile me raconte ainsi comment son nom, qui signifie « Mauvaise personne », lui a été donné parce qu'on soupçonnait de malveillance un homme du village, mais qu'il aurait été dangereux de lui dire en face ce qu'on pensait de lui. Quand l'homme en question entendit qu'on avait appelé l'enfant ainsi, il comprit qu'il était visé par le sous-entendu et ne tarda pas à quitter le village, laissant le petit Ni'o avec son nom accusateur porter en mémoire l'histoire de ses méfaits. Il me raconte également comment, à son retour de Côte d'Ivoire, ses beaux-parents qui ne pouvaient plus s'opposer à son mariage avaient nommé son enfant Maawé, « Cela ne se fait pas ». Si en donnant un nom à l'enfant, ils prenaient acte de l'union de ses parents, il importait cependant de bien faire entendre qu'ils n'étaient pas vraiment d'accord et qu'ils ne cautionnaient pas ce redoublement d'alliance qui empêchait de nouer des relations avec d'autres lignages. Antoine explique quant à lui que, comme après la naissance de Pierre, sa mère avait perdu deux bébés en bas-âge, sa sœur et lui sont nés chez les forgerons, ce pourquoi elle s'appelle Hantyuo, « Femme de la forge », et lui Matyèrè, le « Marteau ». Il est effectivement fréquent de recourir au savoir-faire et à la puissance des forgerons en allant accoucher dans leur maison. Les forgerons sont les maîtres des éléments naturels : du feu bien sûr, qu'ils utilisent pour faire fondre le métal, ainsi que de l'air qui sort du gros soufflet pour activer le feu, mais aussi de la terre et de l'eau. Ils sont les seuls autorisés à creuser profondément le sol, ce qu'ils faisaient autrefois pour rechercher du minerai à exploiter – aujourd'hui, ils travaillent plutôt à partir de métaux de récupération – et qui fait d'eux également des puisatiers et des fossoyeurs. Ainsi, les forgeronnes sont réputées pour être de bonnes « matrones », telles qu'on désigne en français ces femmes qui ont reçu une formation d'accoucheuse sans être des sages-femmes. Plus encore, il se dégage autour du forgeron une énergie vitale essentielle à la réussite de nombreux rituels, et il est de bon augure de naître sous les auspices d'une famille de forgeron et des ancêtres de celle-ci. C'est alors le forgeron lui-même (ou sa femme) qui donne au bébé né chez lui un nom marquant cette relation particulière, mettant ainsi l'enfant sous la protection de ses ancêtres.

Fig. 18 - La forge à Sialo. Fabrication de tabourets, 1993. ©Cécile Leguy

En commençant à noter tous les noms des gens du village, puis des autres personnes que je rencontre, ainsi que les gloses qui les accompagnent quand les gens savent pourquoi on a choisi ce nom, qui l'a choisi, s'il y a eu une réponse dans un autre nom ou à l'occasion d'une naissance suivante, etc., j'ai soudain l'impression de dérouler un parchemin codé qui se donnerait à décrypter. Tout ce qui ne se dit pas se révèlerait ainsi à travers les noms des gens, les conflits pouvant s'exprimer de manière assez virulente sur le dos d'un bébé innocent que chacun nomme à sa façon, pour faire entendre à tous ce qu'il ne peut pas dire autrement. L'enquête à partir des noms s'apparente alors à une recherche d'indices, et les noms des gens, loin de n'être que de simples étiquettes, ouvrent des pistes vers tout un espace de discours caché et d'allusions, sorte de canevas imperméable à toute personne étrangère au contexte mais qui, comme les tapisseries des temps anciens, sait dévoiler ses secrets à qui sait entendre derrière les mots. Mais ces pistes ne sont accessibles qu'aux membres de la communauté et les noms ne parlent qu'à ceux qui ont les clés pour les déchiffrer. À l'anthropologue de parvenir à être de ceux-là.

15.

« Cela ne nous regarde pas »,
« On les connait » !

Si certains messages semblent plutôt anodins, comme par exemple le nom de cette femme née juste au moment de l'Indépendance et qu'on a appelée Sessin, « Le pouvoir est bon », en l'honneur de l'événement, d'autres sont de véritables flèches, visant plus explicitement quelqu'un qu'on veut critiquer ou auquel on veut faire parvenir un message bien précis. On dit ainsi en bomu que le nom a été donné « contre quelqu'un », et les jeunes parents sont toujours un peu inquiets de connaître la parole qui sera prononcée quand ils présenteront leur enfant, en particulier à ses grands-parents maternels. En recueillant de plus en plus de noms, je constate que certains sujets font très souvent objet de ce type de discours indirect : en premier lieu, le mariage des parents de l'enfant nommé, surtout dans les noms donnés par les grands-parents maternels qui ont fréquemment à se plaindre des choix matrimoniaux de leurs filles.

Les parents d'une fille aimeraient surtout qu'elle ne s'éloigne pas trop d'eux. Rappelons que dans une société à prédominance patrilinéaire et patrilocale[43] comme c'est le cas chez les Bwa, les garçons sont voués à rester toute leur vie dans leur village, chez leurs parents, tandis que les filles doivent partir s'installer dans la famille de leur mari, parfois dans un village éloigné de leur maison natale. La petite fille sait ainsi dès le départ qu'elle ne

---

43.   Une société est dite patrilinéaire quand la filiation est transmise par le père, et patrilocale quand il est habituel pour un jeune couple de vivre chez le père du garçon.

restera pas en famille, contrairement à ses frères qui manifestent de fait dès l'enfance une plus grande assurance. Une fille est un être de passage, qui partira vivre ailleurs dès son mariage, et pourra même changer de lieu de vie si elle change de mari, ce qui arrive parfois. Si les parents accordent une grande importance à la liberté de leurs filles, ils souhaitent cependant qu'elles soient heureuses et puissent garder de bonnes relations avec eux. Une fille mariée au village ou dans un lieu pas trop éloigné de celui où vivent ses parents prend aussi l'habitude, quand c'est son tour de cuisiner, de préparer un plat pour ses propres parents. Ainsi, dans un contexte sans sécurité sociale ni retraite, où l'on ne peut compter que sur ses enfants quand on vieillit et qu'on ne peut plus travailler soi-même, l'enjeu du mariage des filles est aussi une question de survie pour des parents qui prennent de l'âge. Alors, quand une fille choisit par exemple d'épouser un garçon de la ville rencontré au lycée, un garçon dont personne ne connait la famille, cela peut être vécu comme un drame par ses parents qui, par ailleurs, ne sauront pas comment faire pour l'aider si elle vit un jour des difficultés. Quand elle viendra leur présenter son premier bébé, ils pourront signifier leur impuissance et leur déception en l'appelant Wéta, « Fais ton choix », ou Moutyira, « Cela ne nous regarde pas ». De cette manière, ils adressent un message à leur fille, mais font également comprendre à ses petites sœurs qu'elle n'a peut-être pas choisi le bon mari, les incitant à réfléchir pour ne pas faire de même. Dans ce sens, la nomination ne sert pas seulement à exprimer un avis ou une critique, mais aussi à émettre des souhaits, à formuler des normes, à recadrer des comportements considérés si ce n'est comme déviants, du moins comme non souhaitables.

Il y a aussi des personnes présentées aux jeunes comme non fréquentables, d'autres même qu'on refuse qu'ils épousent. On sait par exemple qu'une fille qui se marie dans une famille où il n'y a qu'un garçon aura une vie difficile, puisqu'elle sera seule à cuisiner alors qu'il est de coutume de se partager la préparation des repas en famille, au sein de ce qu'on appelle en bomu *zun*. C'est en même temps la maison comme unité de production et de consommation et le segment de lignage qui partage cette maison, c'est-à-dire les fils d'un homme, leurs épouses et leurs enfants : toute la maisonnée, même si l'habitat est parfois construit un peu à l'écart de celui du patriarche. Dès que le premier fils d'une femme se marie, elle n'est plus obligée de faire la cuisine, bien qu'elle puisse continuer d'aider les jeunes femmes et de leur transmettre ses conseils. Les femmes des fils d'une « maison » cuisinent à tour de rôle pour tout le monde, et plus la famille est grande, plus la tâche est partagée. On comprend donc pourquoi des parents qui chérissent leur fille préfèrent qu'elle n'épouse pas un fils unique !

Le mariage d'un garçon est moins problématique, dans la mesure où – et ce n'est pas rien – il reste chez ses parents. Ils lui attribuent une pièce de la maison pour qu'il s'installe avec sa femme ou l'aident à se construire une maison sur l'espace laissé libre par la pièce effondrée suite au décès d'un ancien ou, de plus en plus souvent, un peu à l'écart du village où il pourra être plus à l'aise. S'il fait un mauvais mariage, ce n'est donc pas vraiment dramatique et, au pire, il pourra toujours prendre une seconde femme plus tard, même si la polygamie ne concerne pas la majorité des villageois et que la plupart des chrétiens la désapprouvent. Quand les parents de la femme de leur fils ont laissé entendre, en nommant leur petit-enfant Sabou « Empêcher cela » ou Zounmabé, « On les connait », qu'ils n'étaient pas très satisfaits de ce mariage, ils pourront leur répondre, en nommant l'enfant suivant Hèrado, « La paix est difficile », ou Nèmou'ou, « Fais que cela se passe sans histoire », afin de pacifier la situation dans une sorte de dialogue par bébés interposés.

Il est des cas où une union est inenvisageable, et quand la situation se présente, elle est vécue comme une catastrophe. Il y a ainsi des relations dites de rivalité entre certains lignages, qui ont eu à se battre pour une même fille autrefois et restent depuis en conflit. Ces lignages se nomment réciproquement *bayana*, ce qu'on pourrait traduire par « rivaux matrimoniaux ». Le fait d'avoir été en rivalité, même si on ne sait plus exactement quand ou pour quel mariage, a entraîné une inimitié impliquant l'impossibilité de nouer des alliances. Or, ces *bayana* sont bien souvent issus de villages voisins, et il arrive évidemment que des

Fig. 19- Le village de Tia, 1994. ©Cécile Leguy

jeunes tombent amoureux… C'est souvent quand les anciens de la famille apprennent que les jeunes souhaitent s'unir qu'ils leur déclarent que c'est impossible.

On connait parfois exactement ce qui est à l'origine d'une rivalité entre deux lignages. Invitée par Joseph à passer quelques jours dans son village de Tia, un très joli petit village du nord du *Bwatun*, propre et fleuri – c'est exceptionnel ! – où l'on cultive l'oignon, il me raconte avec fierté ce que cachent les différents noms qu'il porte, en plus de ce nom chrétien par lequel je le connais. À Tia en effet, on l'appelle Dapoba, « Nous valons plus qu'eux », et ce nom est un message explicitement adressé à la famille du premier fiancé de sa mère. Sa mère avait été promise à un garçon dès sa plus tendre enfance, mais à l'heure de se marier, elle refusa ce fiancé au profit d'un jeune homme de Tia dont elle était amoureuse. C'était sans compter sur le sens de l'honneur des vieux de son lignage qui ne pouvaient accepter de revenir sur leur engagement vis-à-vis de ceux qui n'avaient pas manqué de leur faire des présents tout au long des fiançailles. Devant une obligation qui ne leur convenait pas, les deux amoureux s'enfuirent mais on les retrouva et la famille du fiancé délaissé porta plainte auprès du commandant de cercle, responsable administratif du secteur, si bien qu'on les enferma pour quelque temps dans la prison de Tominian. Cet enfermement ne fit que renforcer leur amour et face à leur détermination, les parents de la jeune fille finirent par accepter leur union et la laisser partir à Tia. Cependant, le temps passait et aucun enfant ne venait concrétiser ce mariage. On expliqua à la jeune femme que sa stérilité était la conséquence de la malédiction des ancêtres qui, assurément, n'étaient pas d'accord avec cette union qui allait à l'encontre de la coutume. Elle devait elle-même rompre ce mariage pour épouser son "vrai fiancé". La jeune femme était heureusement soutenue par sa mère qui l'incitait à la patience et l'on vit bientôt naître un petit garçon.

En plus de Dapoba, nom donné par son grand-père paternel explicitement adressé à la famille du premier fiancé de sa mère, Joseph fut appelé Mouitian, « Dis la vérité », par sa grand-mère maternelle. Elle entendait ainsi dénoncer ceux qui parlaient de malédiction quand l'enfant tardait à venir, et sa naissance montrait bien que la vérité était avec le jeune couple. Un oncle paternel, quant à lui, en référence à tout ce que ses parents avaient enduré lorsqu'ils étaient en prison, donna un "nom de provocation" ironique envers les parents de l'autre prétendant qui avaient usé de la force contre eux : Pa'asi, « La force est bonne ». On avait cru gagner en usant abusivement de la force contre eux, en faisant intervenir les autorités administratives, et finalement la force s'était retournée contre ceux qui l'avaient requise. Ce nom lançait ainsi un message malicieux : « finalement, la force n'est peut-être pas si mauvaise, puisqu'un bel enfant est né ?! ».

Ce ne sont donc pas seulement des histoires de famille qui se dévoilent derrière ces noms circonstanciels, qui se présenteraient alors comme des sortes d'aide-mémoire, y compris transgénérationnels. Si l'on prend acte de la dimension messagère de la plupart des noms, il faut vraiment les entendre comme des procédés de communication. Ainsi, une femme peut elle-même donner un nom accusateur à son enfant en s'adressant indirectement à ses beaux-parents, soit parce qu'elle s'estime exploitée ou mal-aimée dans la famille de son mari – elle peut alors nommer son enfant Danmi par exemple, ce qui signifie « Il y a des limites » – soit parce qu'elle n'était pas très enthousiaste pour ce mariage et qu'elle a l'impression d'avoir été piégée, en appelant par exemple sa petite fille Amitè, « Accepte à contre cœur ». Une femme soupçonnée d'adultère par son mari pourra nommer son enfant Hanbinu, « Femme d'un autre », comme pour le provoquer par ironie, ou bien, se sentant mise à l'écart de la famille depuis l'arrivée d'une co-épouse, nommer sa fille Hannyèni, « Femme à qui l'on nuit », dénonçant implicitement sa propre situation.

Les noms ainsi composés selon les circonstances par les uns et les autres à l'occasion de la naissance d'un enfant sont des moyens, non seulement de dire ce qu'on pense face à certaines situations, mais aussi de clamer ce en quoi on croit ou ce qu'on revendique, que ce soit pour rappeler les règles de l'alliance ou pour clamer sa liberté d'épouser celui ou celle qu'on aime.

16.

Des paroles efficaces

Ces noms circonstanciels tels qu'on les rencontre assez habituellement en Afrique, quand les religions du Livre n'ont pas imposé leur propre procédé de nomination – ou bien comme on le voit chez les Bwa à côté de celui-ci – ont longtemps été négligés par les anthropologues du fait de leur aspect anecdotique qui les faisait paraître insignifiants. Certains types de noms sont cependant régulièrement mentionnés dans les travaux parce qu'ils sont révélateurs des représentations que les gens peuvent avoir de la vie et de la mort, et plus précisément de la fécondité. Ainsi, on trouve dans de nombreuses sociétés des noms particulièrement dépréciatifs donnés à des enfants nés après des fausses-couches et des aînés morts en bas-âge. Chez les Bwa, c'est plus précisément après au moins trois fausses-couches ou morts précoces d'enfants qu'on va recourir, lors de la naissance du bébé suivant, à ce qu'on appelle un nom de « revenant » (*hinbwè* : mourir/venir). On pense en effet que c'est toujours la même personne qui revient et repart. Sans doute le monde qu'on lui propose ne lui plait-il pas ? Ou bien quelqu'un veut du mal à la famille ? Ou peut-être y a-t-il des conflits dans l'entourage, l'enfant attendant qu'ils soient résolus pour rester ? Ces noms de revenants sont de différents types, et il est intéressant de remarquer combien ils sont fréquents. Ceux qui portent de tels noms sont généralement très fiers de saluer l'efficacité de cette parole émise – le plus souvent par leur mère elle-même –, demandant par exemple que l'enfant reste enfin en lui disant de s'accrocher. C'est ce que ma voisine, la vieille Tyènmani, « Tiens un moment ! », a bien su faire ! Certains noms sont franchement accusateurs, comme celui de cette femme nommée Nyinassa, « Ceux qui me méprisent sont fatigués », que sa mère lui a donné parce qu'enfin, elle avait pu mener une grossesse à son terme et qu'elle supposait que ses échecs précédents étaient dus à la méchanceté ou à la jalousie de certaines personnes. Mais la plupart des noms de revenant concernent l'enfant lui-même. Soit on l'invite à rester, comme on vient de le voir avec le cas de Tyènmani, soit on avoue son impuissance en le nommant Bèzun, « On ne sait pas (s'il va rester) », ou Douyara, « A mangé pour rien », puisque le lait tété lors de ses apparitions précédentes n'a servi à rien. Mais on peut aussi, comme si finalement on le négligeait, lui attribuer un nom particulièrement dépréciatif comme Ansiö, « Vieux panier » ou Dofio, « Tas de fumier ». Ces derniers noms renvoient à une pratique ancienne qui consistait effectivement à abandonner l'enfant sur le tas de fumier, comme s'il était un vieux panier inutilisable, dans l'optique de faire croire – aux ancêtres ou à la mort elle-même, ou peut-être plus simplement aux jaloux bien vivants – qu'on n'y accordait pas d'importance, afin qu'ils s'en détournent eux-mêmes et le laissent vivre. L'enfant était alors récupéré par une parente à plaisanterie, le nom marquant cette sorte de rituel qu'on ne fait plus aujourd'hui, même si l'on continue de donner ce type de noms de revenant. Ceci dit, le vieux panier peut avoir une certaine utilité, si on en prend soin ; le tas de fumier aussi… Une invitation indirecte serait alors lancée aux proches afin qu'ils prennent soin de cet enfant fragile. À moins qu'il ne s'agisse d'une interpellation indirecte à l'adresse des personnes considérées comme méchantes, hostiles au bonheur de la famille…

Peu de travaux prennent vraiment la mesure de ce qui

se joue derrière les noms. Et pourtant l'anthropologue, en accédant à ce type de parole entendue comme adresse indirecte, découvre également ce que, dans un autre contexte, Maurice Bloch[44] a appelé un « outil pragmatique » qui peut l'aider à mieux comprendre des faits qui ne se disent ni ne se montrent, échappant alors au discours comme à l'observation. C'est ce que j'ai essayé de montrer dans mes travaux en mettant en valeur l'aspect performatif de certaines paroles ainsi énoncées, les noms pouvant être entendus comme des proverbes dont le sens dépasserait la seule situation d'énonciation. En effet, le nom est une parole courte et percutante, souvent répétée de manière anodine, mais dont la portée dépasse les circonstances. D'une part, parce qu'elle est réitérée durant la vie de la personne, même si l'on peut ne pas savoir ce qui a conduit à l'énoncer au départ. D'autre part, parce qu'elle concerne bien souvent des sujets relatifs aux relations sociales et même familiales et sont en prise directe avec la fécondité, avec la vie.

Quand une femme qui a été gravement malade pendant sa grossesse, tandis que les cinq précédentes s'étaient très bien déroulées, nomme elle-même son enfant Basian, « Ils ne sont pas contents », elle laisse entendre à tous qu'on lui jalousait la chance d'avoir eu sans problème cinq beaux enfants, et que cette maladie pourrait ne pas être naturelle ; quand un homme appelle son petit-fils Tianbè, « Chef de la vérité », il dénonce des mensonges que ceux qui sont concernés sauront entendre, notamment quand il s'agit d'une usurpation de pouvoir ; quand un autre homme nomme sa fille Hinsi, « Ne peut retenir son cœur », il révèle à tous que son enfance d'orphelin recueilli par

44. BLOCH, Maurice. 2006. "Teknonymy and the Evocation of the "Social" Among the Zafimaniry of Madagascar". In Vom Bruck Gabriele and Barbara Bodenhorn (Eds). *The Anthropology of Names and Naming.* Cambridge: Cambridge University Press: 97—114.

un oncle n'a pas été si facile…

La nomination n'est donc pas seulement un procédé de communication avec des entités spirituelles, les ancêtres ou les vivants. Il faut tenir compte de ce qui est ici visé, dans un contexte où la parole est conçue comme ayant du pouvoir. Car il s'agit d'abord, en usant de ce procédé « poétique » (au sens premier du mot *poiein*, « faire, créer ») permis par l'occasion, de faire agir, d'avoir un impact, de dénoncer ou d'imposer ses idées. Cela dépasse la simple question du choix du prénom des enfants. Pour celui qui a quelque chose à dire et qui sait qu'il ne peut pas le dire autrement – soit parce qu'il n'a pas le statut lui permettant de le faire, soit parce qu'il ne veut pas s'abaisser à dire trop ouvertement ce qu'il pense – c'est en recourant à une

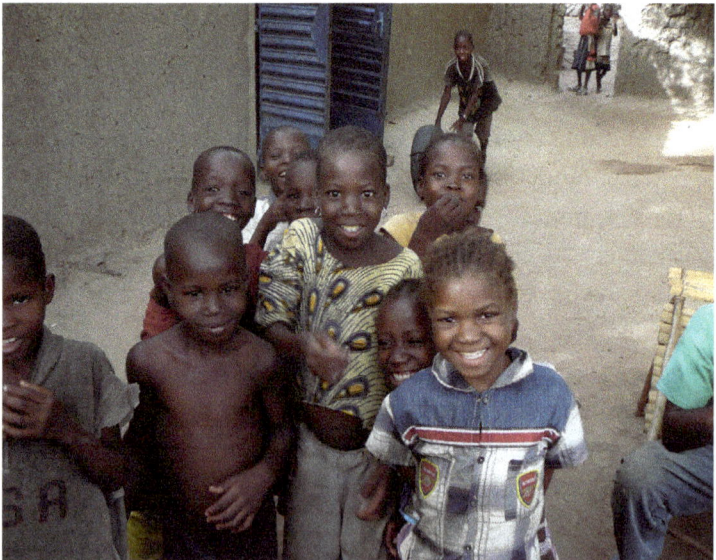

Fig. 20 - Enfants de Sialo. 2009. ©Cécile Leguy

parole messagère, voilée mais porteuse de sens, qu'il peut non seulement s'exprimer, communiquer ce qu'il a à dire, mais aussi imposer sa parole et, vraiment, la faire entendre.

Benoît-Joseph, le père de Cyriaque, a un chien qu'il aime appeler par son nom, en criant avec force : Nimissélo, « Celui qui a des gens est bien au village » ! En tant que forgeron, mis à l'écart du village non seulement pour cela mais aussi du fait de la maladie de son fils, il crie ce nom quand il se promène, comme par bravade. Il s'agit bien d'un message, qui n'est pas sans rapport avec le discours proverbial auquel il a si facilement recours. En appelant ainsi son chien, le vieux forgeron chrétien a pour objectif de faire entendre aux villageois un appel à une certaine harmonie sociale, une bonne entente. Le chien est le seul animal auquel on donne un nom individuel. Le père de Thomas a quant à lui nommé le sien Miyirè, « Je suis moi-même, je suis libre ! », et il ne se gêne pas de crier ainsi son nom, afin que tout le monde sache qu'il fait ce qu'il veut et que les critiques n'ont pas de prise sur lui ! Pas question de nommer les chats qui bien souvent finissent dévorés par des enfants en manque de viande, ces petits félins maigrichons étant plus faciles à attraper que les gros rats de brousse. Les chevaux portent des noms génériques en fonction de la couleur de leur robe, mais pas de nom les individualisant. Seuls les chiens, compagnons de vie et de chasse, ont le privilège de se faire crier dessus à tout moment de la journée, portant ainsi, comme des étendards, les messages revendicateurs de leurs maîtres.

17.

Une « Femme cadeau »

En revenant au *Bwatun* en 2002-2003 pour mener des enquêtes dans le cadre d'une recherche collective sur les représentations de l'espace, j'ai vu mes possibilités d'investiguer et de comprendre augmenter de manière flagrante, tout en percevant combien le monde qui s'ouvrait à moi était complexe et que le temps me manquerait toujours pour pouvoir vraiment en cerner les contours. Le fait d'être à présent mère de deux petits garçons m'ouvrait effectivement des portes. Pour les femmes, je devenais vraiment l'une d'entre elles et pouvais par exemple aller visiter la nouvelle accouchée dans la maison où elle restait recluse pendant les trois ou quatre jours suivant la naissance. Si j'avais déjà des liens de complicité avec des femmes de tous âges et des hommes de ma génération, ayant pu discuter longuement de sujets intimes avec elles comme avec eux, c'est surtout la communication avec les hommes plus âgés qui changea à partir du moment où ils me reconnaissaient non seulement comme une vraie femme – ce qui suppose d'avoir eu deux enfants puisque le premier peut n'être qu'un accident – mais surtout comme la mère de deux petits Bwa. À plusieurs reprises, lors de mes rencontres avec des vieux, j'ai pu les entendre me dire que s'ils me parlaient, c'étaient avant tout pour mes enfants, pour que mes enfants connaissent les « choses des Bwa ».

En réalité, je ne peux pas dire que les hommes âgés refusaient auparavant de me parler. Excepté quelques femmes qui s'enfuyaient quand elles me voyaient – ce qui ne manquait pas de me troubler – tout le monde était accueillant, prêt à discuter, à passer du temps avec moi. Dès mes premiers temps sur le terrain, j'étais intégrée à la famille, au village, et la cour devant ma maison était souvent pleine de monde le soir, jeunes et moins jeunes, hommes et femmes venant discuter avec moi ou autour de moi. Si je posais des questions, on essayait toujours de me répondre ou de m'adresser à quelqu'un qui saurait me répondre. Bien sûr, je me sentais plus proche des gens de ma génération, avec lesquels j'avais des discussions d'égal à égal, répondant autant à leurs questions qu'ils répondaient aux miennes. Nos relations étaient basées sur le mode de l'échange et non, comme je cherchais justement à l'éviter, sur le modèle de l'enquêteur interrogeant des informateurs. Ceux vers lesquels on me renvoyait pour tout ce qui concernait les histoires de famille étaient plutôt les personnes d'âge mûr, ceux de la génération d'avant la mienne qui étaient toujours partants pour me transmettre des récits, m'expliquer des pratiques. Mais avec les personnes âgées, il était difficile de rompre la distance – comme cela est difficile pour tout un chacun d'ailleurs, qu'il soit étranger ou pas – et si on me souriait, je sentais bien qu'il y avait derrière les yeux encore vifs des vieux tout un monde qui m'échappait. Et puis, il n'était pas toujours facile de comprendre leurs paroles… même si elles étaient énoncées avec bienveillance ! J'avais souvent l'impression, en observant le sourire énigmatique qu'on m'adressait, que je n'avais pas bien saisi ce qui avait été dit ou, le plus souvent, suggéré… Michel, un jeune homme de Touba qui parlait bien français et venait souvent discuter avec moi, me conduisit un jour chez une vieille femme connue de tous pour sa grande maîtrise du discours proverbial. Elle se tenait assise sur le sol de sa maison, les jambes tendues comme aiment à s'asseoir les vieilles femmes. Elle était en train de finir son repas, un reste de tô verdâtre mêlé de sauce qu'elle partageait avec un petit

enfant, et répondit à nos salutations en disant d'un air malicieux
« Uruba Dembélé fils de Wabè dit qu'il est toujours sur la
colline », pour dire comme on le fait d'ordinaire lors du rituel
de salutation qu'elle était là, toujours vivante. La conversation
commençait bien !

En passant du temps avec Michel à discuter avec cette vieille
femme, en voyant le mal qu'il avait lui-même à comprendre ses
allusions, en percevant derrière les yeux voilés de trachome de
la vieille toute la malice avec laquelle elle choisissait ses mots, ses
proverbes plus alambiqués les uns que les autres, je comprenais
combien le chemin pour véritablement entrer en situation
d'interlocution avec les plus anciens pouvait être escarpé.

Fig. 21 - Le vieux Yissibè brandissant
fièrement le couteau des sacrifices,
Bénéna, 2002– ©Cécile Leguy

Devenue mère d'enfants bwa, on commença à me faire part d'éléments de la vie sociale dont on ne m'avait jamais parlé avant et on m'envoya vers des personnes ressources qui m'étaient auparavant inaccessibles, comme le vieux Yissibè, grand chef de tout le secteur de Bénéna, qui ne quittait jamais le village et presque jamais sa propre cour et qui accepta de me rencontrer, m'autorisant à prendre certaines photos, à poser certaines questions, en me précisant bien que c'était parce que j'étais mariée à un de ses « fils » – même s'il n'avait jamais rencontré ni Pierre ni sa famille – et que j'avais donné des enfants au *Bwatun*. Il m'appela d'ailleurs Samouhan, « Femme cadeau », non sans un certain humour. C'est un nom qu'on donne souvent à une petite fille dont la mère est arrivée dans la famille sans trop de peine, parce qu'on l'a volée à un autre prétendant sans avoir eu besoin de travailler dans le champ de ses parents ou de leur donner de nombreux paniers d'arachide. Ainsi, il considérait que j'étais moi-même une femme obtenue sans trop de peine ; en tout cas, cela est certain, sans que quelqu'un ait eu à travailler dans le champ de mes parents !

En menant mes enquêtes lors des séjours suivants, j'ai pu constater combien il m'était plus facile de rencontrer des vieux qui étaient prêts à me parler, à m'introduire à des connaissances plus profondes et moins partagées. S'il était toujours aussi difficile pour moi d'accéder à leurs paroles elliptiques, eux-mêmes manifestaient plus de motivation à chercher à me hisser vers leur monde. J'étais aussi aidée en cela par les relations que j'avais tissées moi-même au fil du temps, ou par les relations de mes amis. Ainsi, j'ai pu par exemple rencontrer Bwèmi, le beau-frère de mon amie Véronique, pharmacienne qui avait soutenu sa thèse le même jour que moi, et est depuis devenue une personnalité importante de la ville de San. Bwèmi vit à Bénéna où il occupe une place privilégiée de conseiller du chef, et il a joué pour moi un rôle d'intermédiaire, du temps de Yissibè, puis, quelques années plus tard, auprès de son successeur Wurowé avec qui j'ai pu aussi travailler. Ce n'est pas seulement ma meilleure connaissance du milieu qui facilite mon travail de terrain, même s'il est vrai que cela me permet d'aller beaucoup plus vite à l'essentiel, c'est aussi l'établissement de relations solides et durables, les liens d'amitié et de confiance qui m'ont permis, au fil du temps, d'entrer dans le réseau des relations sociales.

*

*   *

Ainsi, l'intérêt qu'il y a à revenir régulièrement sur un terrain d'enquête, c'est aussi qu'on y vieillit, et que ce temps qui passe non seulement consolide les relations, mais modifie aussi la place qu'on vous donne ou que vous pouvez prendre. De jeune *toubabou* un peu étrange, sans genre défini mais dès le départ rattaché à un village – on m'a toujours présentée comme étant « de Sialo », même quand j'ai passé plusieurs mois dans la région de Touba – je suis devenue mère de famille, reliée à un lignage bien précis, celui de mon mari et, plus subtilement, puisque mes parents sont d'ailleurs, à son propre lignage maternel. C'est en effet parmi les noms des femmes de la famille Théra, famille maternelle de Pierre, que le devin consulté au sujet du nom secret qui pourrait m'être attribué nous a invité à choisir, me rattachant ainsi à la branche maternelle de mon époux, à laquelle j'aurais peut-être pu appartenir si j'étais née au *Bwatun*.

En effet, en prolongeant mon enquête sur la nomination, je souhaitais explorer plus avant le monde un peu mystérieux des noms secrets, ces noms initiatiques qui sont donnés aux enfants lors d'une cérémonie dès les toutes premières années de la vie,

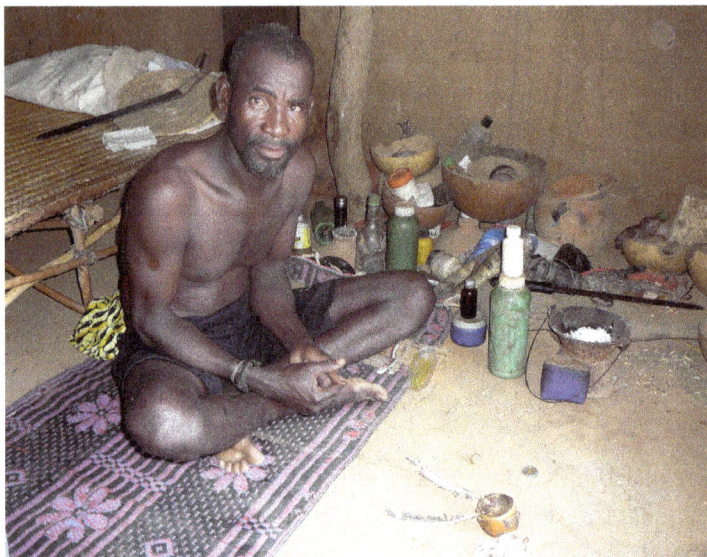

Fig. 22 - Le devin à la recherche d'un nom secret pouvant me convenir, 2009. ©Cécile Leguy

afin de présenter ces nouveaux membres de la communauté à *Do*, le principe d'unité des Bwa. Lors de cette cérémonie, qui a généralement lieu près d'un cours d'eau ou d'un marigot et peut rassembler les enfants de plusieurs villages alliés, chacun reçoit un « nom du marigot ». Considéré comme le vrai nom de la personne, celui par lequel elle est connue des ancêtres, il ne devra plus être utilisé par la suite, si ce n'est lors de ses funérailles, si elle parvient à un âge avancé et meurt d'une bonne mort, en ayant donné des enfants au monde ; bref, si elle est susceptible de rejoindre les ancêtres.

La dation de ce nom secret, qui n'est pas une pratique propre aux Bwa car on trouve des phénomènes similaires dans des sociétés voisines, est cependant considérée par les gens comme un élément fondateur de leur unité et de leur « force », des pouvoirs occultes qu'on leur attribue. Ainsi, cette première initiation garde son importance malgré les mutations sociales vécues durant ces dernières décennies, et même les enfants des chrétiens reçoivent, comme les absents, un nom énoncé durant la cérémonie par le prêtre de *Do* – ou le patriarche de la famille selon les villages – sur une tige de paille pour chacun des enfants à nommer. Je voulais comprendre alors comment ces noms étaient choisis, le sens qu'on leur donnait, en relation avec ces autres noms circonstanciels et noms messagers dont je me plaisais à saisir la valeur pragmatique depuis mes premières enquêtes. Au-delà des rituels et des discours, ce n'était pas seulement le pouvoir de cette parole retenue qui se révélait, mais également de manière plus prosaïque le récit familial. Certains noms d'ancêtres prévalant sur d'autres qu'on préfère oublier, chaque période nécessitant la recherche d'un nom – pour un jeune enfant ou pour un vieux mourant dont plus personne ne connait ce nom jamais prononcé, ou encore pour une épouse d'origine bambara (ou française…) afin qu'elle soit bien intégrée – ouvre en effet par la même occasion un débat sur la famille, une discussion sur ceux parmi ses membres que, selon les relations qu'ils ont nouées avec les uns et les autres, selon la manière dont ils se sont comportés de leur vivant, il serait préférable d'honorer, ou d'oublier. Les relations familiales, si elles s'expriment de manière voilée à travers les noms secrets, sont reconstruites à chaque fois qu'on doit rechercher un bon nom pour quelqu'un, ou plutôt la bonne personne à honorer, celle qui ne doit pas être oubliée.

18.

Épilogue

Comme on le fait avec les enfants quand ils s'endorment dehors à écouter les discussions ou les histoires des adultes, Antoine m'assène un coup sur la jambe en me disant « *zo da* (rentre te coucher) ! ». Je me suis assoupie sur une chaise longue, appréciant la fraîcheur de la nuit, bercée par des paroles que j'ai peu à peu cessé de chercher à comprendre… Son geste me surprend sur le coup, et c'est un peu vexée que je souhaite bonne nuit à tout le monde en regagnant ma chambre. Puis, en revisualisant la scène, je réalise que cette tape énergique et cette injonction à aller au lit – Antoine refusant qu'on dorme dehors depuis qu'un voisin a été mordu par un serpent pendant son sommeil – sont des indices de mon intégration. Il a agi avec moi comme il le fait avec les autres membres de la famille, sans les égards qu'on peut avoir pour les étrangers. C'est avec bonheur que je m'endors alors en pensant à la relation de confiance qui s'est construite entre nous, d'abord comme une sœur cadette qu'il a toujours eu le souci de protéger, ensuite comme « épouse » puisque, depuis mon mariage avec son frère, c'est ainsi qu'il me nomme.

Chez les Bwa comme ailleurs, l'initiation, si elle est traditionnellement marquée par des rituels circonscrits dans l'espace et le temps plus ou moins négligés aujourd'hui, dure en fait tout au long de la vie, jusqu'à ce moment où, vieillard accompli, il nous est permis d'atteindre le statut d'ancêtre. On n'a jamais fini d'apprendre, on n'a jamais fini d'approfondir ses questionnements, et chaque découverte ouvre de nouvelles pistes qui sont autant parsemées de réponses que de questions.

À l'occasion d'un événement qui a eu lieu en 2005, j'ai compris que mon intégration au *Bwatun* dépassait le cercle de ceux avec qui j'avais lié amitié depuis plus de dix ans. Nous étions à San et sommes allés visiter à l'hôpital Alexis, un membre de la famille Théra de Sialo, enseignant à Bénéna, gravement malade, dont le fils, alors étudiant à Rome, est très proche de Pierre. Sa femme et sa plus jeune fille étaient auprès de lui, lui assurant l'assistance et la nourriture qui ne sont pas fournies par l'hôpital. Il était méconnaissable, amaigri, l'œil vitreux. Le lendemain, il était décédé. Quand nous sommes arrivés à l'hôpital avec sa femme, il gisait encore sur son lit, au milieu d'une chambre de huit patients. L'infirmier nous demanda de reprendre le corps car ils avaient besoin du lit pour un autre malade. C'était notre mort, nous devions nous en occuper. Un peu désemparés, nous avons appelé à l'aide les prêtres de la paroisse. Enveloppé dans une couverture, il fut sorti de la chambre puis, entouré d'une natte, hissé sur la plateforme du pickup et conduit à la morgue de Tominian, le temps de préparer l'enterrement. Deux jours après, nous étions à Bénéna où une foule importante de collègues, d'amis, d'anciens élèves, de notables de la région s'étaient regroupés pour lui rendre hommage. Alexis avait depuis quelque temps pris ses distances avec l'Église et avait refusé d'être enterré au cimetière. La tombe avait été creusée dans la cour de la maison ; nous étions accueillis par les lamentations des vieilles pleureuses qui faisaient froid dans le dos. En pénétrant dans la cour aux côtés de Pierre, je fus assaillie comme lui par des dizaines de bras consolateurs : nous étions les seuls à avoir pu venir « de Sialo » en cette pleine saison des pluies qui rend les déplacements très difficiles, et c'est en tant que membres du village natal du défunt que nous étions salués, embrassés, consolés… La gorge serrée, je sentis alors tout le poids du village sur mes épaules, et plus encore quand je fus séparée de Pierre qui rejoignit les hommes pour attendre avec eux la cérémonie, me laissant seule à représenter Sialo parmi les femmes éplorées. Chaque nouvel arrivant venait me présenter ses condoléances ou plutôt, à travers moi, transmettre son soutien au village tout entier. Ce jour-là, par ailleurs si chargé en émotions, je perçus combien mon attachement à Sialo et, plus largement, au *Bwatun*, était indestructible. Même si je n'étais pas née là, même si j'étais loin de tout comprendre, j'avais été intégrée au paysage, j'y jouais un rôle. Un rôle qui m'emmenait bien au-delà de la simple enquête ethnographique. De retour dans la voiture après la cérémonie, je vis en ouvrant mon petit sac à dos le dictaphone que j'avais emporté, espérant pouvoir enregistrer des chants funéraires. Prise par l'événement, je l'avais complètement oublié…

Quand on fait un puzzle, une bonne manière de placer rapidement les morceaux est de commencer par assembler tous les bords, en commençant par les coins. Ensuite, à partir de la frontière formée par les bords, il est plus facile d'accrocher les petits morceaux de carton et de remplir l'espace central. Le puzzle de mon enquête n'aura jamais de bords… les morceaux s'accrochent à l'infini, et s'effritent par endroit au fur et à mesure que d'autres s'assemblent. C'est un peu comme le village de Sialo, qui à mon arrivée était encore assez resserré sur lui-même et circonscrit dans une enceinte marquée par cette bande de terrain fertile nommée *dofio*, zone de fumier où sont déposées les ordures. Seules l'école et une batterie de greniers avaient été construits en dehors du village. Mais déjà l'année suivante, une petite famille avait décidé de sortir du village pour bâtir sa maison près de l'école. Plusieurs années après, les villageois étaient plus nombreux à s'être installés ainsi, entourant leur maison d'une grande cour pour mieux y respirer et y être plus tranquilles, les maisons à l'intérieur du village étant construites les unes contre les autres, les ruelles et les places servant de cour ne pouvant guère permettre d'intimité. Le départ de jeunes couples hors du village était regardé par les anciens comme preuve d'un nouvel individualisme néfaste à la vie villageoise. À cette époque, quelque temps après son décès, la maison de la vieille Tyènmani s'était effondrée, puis celle de Jean, sans que personne ne s'en plaigne. Le centre du village semblait de plus en plus abandonné. Lors de mon passage en 2009, c'est la maison de Vincent, ce chef un peu exubérant aux talents artistiques affirmés, décédé quelque temps avant, qui avait comme fondu sous les assauts de la pluie, et je constatais avec tristesse que le ficus (*dubale*), grand arbre aux feuilles charnues dont l'ombre servait de lieu de rencontre à l'est de la place centrale, était mort. De retour en 2018, l'arbre n'a pas été remplacé car on dit que celui qui plante un *dubale* meurt quelque temps après… Depuis que je connais Sialo, le cœur du village s'est comme effrité. Mais ne reste-t-il pas, comme dans de nombreux autres villages où l'on vénère cet endroit ruiné – ce qui se remarque aux quelques plumes blanches collées sur un reste de mur ou un pilier demeuré seul – le lieu central d'où tout provient ? Cet emplacement premier est celui où fut creusée la maison du fondateur autour de laquelle tout le village s'est organisé, les nouveaux arrivants s'installant à l'Ouest pour laisser la famille des fondateurs bénéficier la première des bienfaits, qui viennent de l'Est, comme le soleil, la pluie et, avec elle, toutes les bénédictions, ces « bonnes paroles » que l'on aime entendre et partager, afin de rendre la vie plus facile, malgré tout.

Fig. 22- Centre du village de Bénéna, 2002– ©Cécile Leguy

Ce qui fonde la vie villageoise est spatialement marqué, dans certains villages, par un cône de terre qui en figure le centre, qu'on appelle le « cœur » ou milieu du village. Face à mes questionnements au sujet de ce qu'il peut bien y avoir à l'intérieur de ce cône à Bénéna, où il est particulièrement imposant, le vieux Yissibè me répond avec malice : « *Nyu-tanu* - la Parole[45] ».

*

*   *

---

45   *Nyu-tanu* (bouche/voix) : c'est la parole au sens d'une parole grave, importante, une parole de poids, une parole fondatrice (on peut traduire par « tradition »).

Quelques idées de lecture

ABU-LUGHOD, Lila, 2008, *Sentiments voilés*, Paris, Les Empêcheurs de penser en rond/Seuil (traduction de l'anglais par Didier Gille [1986]).

BARLEY, Nigel, 1992, *Un anthropologue en déroute*, Paris, Payot (traduit de l'anglais par Marc Duchamp [1983]).

BORNAND, Sandra et LEGUY, Cécile, 2013, *Anthropologie des pratiques langagières*, Paris, Armand Colin (collection U).

BLOCH, Maurice, 2006, *L'anthropologie cognitive à l'épreuve du terrain. L'exemple de la théorie de l'esprit*, Paris, Collège de France/Fayard (Leçons inaugurales du Collège de France n°184).

CARATINI, Sophie, 2012, *Les non-dits de l'anthropologie. Suivi de Dialogue avec Maurice Godelier*, Vincennes, Éditions Thierry Marchaisse. (Deuxième édition remaniée, actualisée actualisée et augmentée).

FINNEGAN, Ruth, 2002, *Communicating : The Multiple Modes of Human Interconnection*, London, Routledge.

FINNEGAN, Ruth, 2015, *Where is language? : an anthropologist's questions on language*, literature and performance, London, Bloomsbury.

FURNISS, Graham, 2004, *Orality: the Power of the Spoken Word*, London, Palgrave Macmillan.

LEGUY, Cécile, 2001, *Le proverbe chez les Bwa du Mali. Parole africaine en situation d'énonciation*, Paris, Karthala.

LEGUY, Cécile, 2009, « "Quand le cheval de l'Est rencontre le cheval de l'Ouest...". Approche ethnolinguistique de l'espace en pays boo (Mali) », *Journal des Africanistes* 79-1 : 11-32. (https://journals.openedition.org/africanistes/2316)

LEGUY, Cécile, 2011, « Que disent les noms-messages ? Gestion de la parenté et nomination chez les Bwa (Mali) », *L'Homme* 197 : 71—92. (https://journals.openedition.org/lhomme/22626)

MALINOWSKI, Bronislaw, 1989, *Les Argonautes du Pacifique occidental*, Paris, Gallimard. (traduit de l'anglais [1922])

MALINOWSKI, Bronislaw, 2002, *Les Jardins de corail*, Paris, La Découverte. (traduit de l'anglais [1935])

YANKAH, Kwesi, 1989, *The Proverb in the Context of Akan Rhetoric: A Theory of Proverb Praxis*, Bern, Lang.

Remerciements

Je remercie Ruth Finnegan qui, en me proposant d'écrire ce livre, m'a donnée ainsi l'opportunité de raconter ce qui a motivé mon choix pour l'anthropologie et le sens qu'ont pu prendre mes enquêtes de terrain.

Cette expérience que je vis depuis maintenant presque trente ans n'aurait pas été possible sans l'ouverture d'esprit et la gentillesse avec laquelle tous les habitants du *Bwatun* que j'ai rencontrés et avec qui j'ai travaillé m'ont accueillie. Certains sont mentionnés dans ce livre : ils ont été mes plus proches collaborateurs et ont largement contribué, chacun à sa manière, à mes enquêtes. Je n'oublie pas tous les autres, celles et ceux avec qui j'ai pu mener des entretiens à l'occasion d'enquêtes particulières, celles et ceux qui m'ont laissé entrer dans leurs maisons, participer aux mariages ou aux enterrements, celles et ceux qui ont mis leurs bébés dans mes bras et m'ont laissé jouer avec leurs enfants. Les mots sont insuffisants à exprimer la gratitude que j'ai envers toutes les personnes rencontrées lors de mes enquêtes de terrain, qu'elles m'aient nourries de leurs paroles ou qu'elles aient partagé avec moi le tô et la bière de mil.

Mes remerciements vont également à celles et celui qui ont relu la première version de ce texte : Martine Barilly-Leguy, Sophie Chave-Dartoen, Véronique Dembélé, Pierre Diarra, Anne Godard, avec un merci tout spécial à Laure Bazire, l'amie de mon enfance, dont les conseils me sont toujours précieux.

**Entendre
la voix
des autres**

Entendre la voix des autres : Une série transculturelle et transdisciplinaire dans un langage simple et clair, afin d'informer les lecteurs, les étudiants, et surtout les élèves de première et de terminale des récents progrès de la pensée, et d'éveiller leur intérêt pour les régions du monde inexplicablement ignorées et pour les enjeux fondamentaux d'aujourd'hui.